Arnd Kischkel

Auf Gottes Stimme hören

Über die Wachsamkeit des Glaubens

W0416230

Arnd Kischkel

Auf Gottes Stimme hören

Über die Wachsamkeit des Glaubens

GloryWorld-Medien

1. Auflage 2006

© 2006 GloryWorld-Medien

Alle Rechte vorbehalten

Bibelzitate sind, sofern nicht anders gekennzeichnet, der Lutherbibel, rev. Fassung von 1984, Deutsche Bibelgesellschaft, Stuttgart 1987, entnommen.

Das Buch folgt den Regeln der Deutschen Rechtschreibreform. Die Bibelzitate wurden diesen Rechtschreibregeln angepasst.

Satz: GloryWorld-Medien
Foto: Copyright © istockphoto.com / Dan Bannister
Cover: Vision C, www.vision-c.de
Druck: Schönbach-Druck GmbH, Erzhausen

ISBN-10: 3-936322-26-0
ISBN-13: 978-3-936322-26-2

Bestellnummer: 359226

Printed in Germany

Erhältlich bei

GloryWorld-Medien
Postfach 4170
D-76646 Bruchsal
Tel.: 07257-903396
Fax: 07257-903398
E-Mail: info@gloryworld.de
www.gloryworld.de

oder in jeder Buchhandlung.

Inhalt

1 EINFÜHRUNG

Beziehung zu Gott

Wenn wir jemand gern haben und die Beziehung zu ihm vertiefen wollen, was tun wir dann? Ganz klar, wir reden mit ihm oder ihr und suchen das Gespräch: Wir erzählen etwas von uns selbst; wir sagen dem anderen etwas, was ihn ermutigt und ihm Freude macht; wir hören ihm zu, fragen nach, wie es ihm geht; d. h. wir wollen uns mitteilen ...

Genauso ist es auch bei Gott: Weil er uns liebt und eine persönliche Beziehung zu uns haben will, redet er mit uns. Wir können Gott nicht sehen und nicht anfassen, aber wir können mit ihm reden und auf ihn hören – durch die Stimme des Heiligen Geistes. Für mich ist das Reden Gottes etwas ganz Kostbares, wodurch ich in besonderer Weise erfahre, dass Gott lebt und an mir persönlich interessiert ist. Im Hören auf Gottes Stimme merke ich, dass er mein Inneres kennt, dass er ganz genau versteht, was in mir vorgeht und dass ich ihm nicht gleichgültig bin: Er sagt mir genau das, was ich wirklich brauche! Es ist nicht immer bequem, aber absolut heilsam und gut.

Gott ist von den ersten Seiten der Bibel an ein redender Gott! Das sehen wir, wenn wir an Adam und Eva im Garten Eden denken, als sie noch in der ungestörten Beziehung zu Gott waren und in großer Vertrautheit mit ihm redeten. Diese ungetrübte Beziehung ging durch den Sündenfall verloren, aber Gott redete weiterhin zu einzelnen Menschen: zu Noah, Abraham, Mose, den Propheten usw.

Unendlich oft heißt es in der Bibel: „Der Herr sprach ..." Gott spricht auch heute zu uns! Er möchte sein geschriebenes Wort immer wieder lebendig machen, es uns ganz persönlich für eine bestimmte Lebenssituation zusprechen.

Zum Beispiel sagt das geschriebene Wort Gottes (logos): *Siehe, ich bin bei euch alle Tage bis an der Welt Ende* (Matthäus 28,20). Das aktuell gesprochene Wort Gottes (rhema) spricht es uns ganz persönlich zu: „Ich bin jetzt in dieser Situation bei dir. Ich werde dich nicht verlassen." Beides ist wichtig! Dann gibt es außerdem Situationen, in denen wir Gottes spezielle Leitung brauchen.

Jesus ist gekommen, um uns wieder in die ursprüngliche Beziehung mit dem Vater zurückzuführen, die durch den Sündenfall verloren gegangen ist. Es ist deshalb jetzt nicht mehr wie im Alten Testament einigen wenigen Propheten vorbehalten, auf Gottes Stimme zu hören, sondern als Gottes Kinder dürfen wir alle seine Stimme hören. Seit Pfingsten steht das Geschenk des Heiligen Geistes jedem offen, der an Jesus glaubt. Je mehr wir uns vom Heiligen Geist füllen und regieren lassen, umso leichter ist es für uns, auf die Stimme Gottes zu hören.

Denn der Heilige Geist ist es, durch den wir Gottes Stimme hören können (Apostelgeschichte 2,16ff). Manche Christen bekommen durch die Gabe der Prophetie, Weissagung und Erkenntnis (1. Korinther 12-14) die Fähigkeit, in besonderer Weise Gottes Stimme zu hören. Wir dürfen uns nach diesen Gaben ausstrecken (1. Korinther 14,1).

Wie können wir also das hörende Gebet lernen? Es ist ein Wachstumsprozess, es immer mehr zu erwarten und zu erfahren, dass wir Gottes Stimme wirklich hören können. Wir können es miteinander in der Gemeinde einüben.

Freude aneinander

Eine wichtige Frage ist noch, wozu wir es lernen wollen, auf Gott zu hören? Was sind unsere Beweggründe? Möchten wir vor allem eine Entscheidungshilfe bekommen in den offenen Fragen und Herausforderungen unseres Lebens?

Der ursprüngliche Sinn, Gottes Stimme hören zu können, geht noch darüber hinaus. Ich muss da an den Apostel Paulus denken, wie er den Korinthern schreibt: Jetzt habe ich euch vieles erklärt über die verschiedenen Aufgaben im Reich Gottes und die Gaben des Geistes, die euch für diesen Dienst gegeben sind. Aber nun will ich euch einen Weg zeigen, der weit über das hinausgeht: Das Allerwichtigste ist die Liebe! Ohne Liebe sind die besten Gaben nichts (vgl. 1. Korinther 12 u. 13).

Der erste und wichtigste Beweggrund, auf Gottes Stimme zu hören, ist, dass wir Gottes Herz kennen lernen. Da geht es nicht um ein intellektuelles Begreifen, sondern um eine existentielle Beziehung, gekennzeichnet von Liebe, Hingabe, Vertrauen, Sehnsucht und Zusammensein.

Der erste und wichtigste Beweggrund, auf Gottes Stimme zu hören, ist, dass wir Gottes Herz kennen lernen.

So ist das Hören auf Gottes Stimme letztlich keine Methode, kein Rezept, sondern ein Beziehungsgeschehen! Es kann ganz leicht zwischen Gott und uns fließen, wenn die innere Verbindung zwischen uns offen und unser Herz aufnahmebereit ist. Es ist nicht kompliziert, sondern es geht eher um ein kindliches Vertrauen, eine Erwartungshaltung der Liebe und Hingabe an Gott.

Je mehr wir dem Heiligen Geist in uns Raum geben, umso leichter können wir seine Stimme hören. Deshalb ist es gut, wenn wir uns immer wieder bewusst unter die Leitung des Heiligen Geistes stellen, uns von ihm abhängig machen, uns ihm anvertrauen und zur Verfügung stellen.

Gott sehnt sich nach einer sehr persönlichen und konkreten Beziehung zu Ihnen und mir. Eine solche Beziehung ist aber keine Einbahnstraße: Sie bedeutet, das Leben miteinander zu teilen, einander zuzuhören, sich aneinander zu freuen sowie Gemeinschaft miteinander zu haben und zu suchen, ohne dabei eigennützige Ziele zu verfolgen. Auch wenn wir als Menschen die Bedürftigen bleiben und ihn nicht anders als mit bedürftiger Liebe lieben können.

Dieses Buch will dazu anregen und Mut machen, das Hören auf Gottes Stimme einzuüben in einer Herzenshaltung, die Gott um seiner selbst willen liebt, verehrt und anbetet. Denn gut und leicht wahrnehmen und hören kann ich dort, wo ich fasziniert, aufmerksam, ja verliebt bin. Ich kann es dort, wo ich Vertrauen gewonnen habe und so die Reaktion des anderen erwartungsvoll auf mich zukommen lassen kann.

Der Ort, an dem wir auf Gott hören, braucht außerdem einen gewissen Schutz gegenüber äußeren Einflüssen. Es ist ein Ort, der für mich und Jesus reserviert ist, wo ich gespannt bin, was ich als Nächstes mit ihm entdecke, worauf er mich aufmerksam macht, wohin er mich führt. In vielem ist dies ähnlich der Situation, wenn Regen auf einen Boden fällt, der schon nach ihm dürstet. Die Erde wird ganz weich und feucht, und neues Leben regt sich in ihr und entfaltet sich.

Die kleinen geistlichen Übungen am Ende jedes Kapitels möchten eine Hilfe sein, diese Haltung des Empfangens einzuüben. Es besteht auch die Möglichkeit, sie so oder ähnlich in Gruppen oder Hauskreisen miteinander auszuprobieren. Durch die Übung des füreinander „Hörens" in den verschiedenen Lebenssituationen kann man sich gut Rückmeldung geben, gemeinsam lernen oder auch Korrektur erfahren. Auch kann man die Vielfältigkeit entdecken, in der der Heilige Geist zu uns reden möchte. Er kann uns z. B. an ein Bibelwort oder an ein Lied erinnern. Er kann in unsere Gedanken hineinsprechen oder uns ein inneres Bild schenken. Über all dem dürfen wir auf die Zusage Jesu vertrauen:

> *Meine Schafe hören meine Stimme, und ich kenne sie und sie folgen mir; und ich gebe ihnen das ewige Leben, und sie werden nimmermehr umkommen, und niemand wird sie aus meiner Hand reißen* (Johannes 10,27+28).

2 Vertraut mit Jesus

Jesus wartet auf uns

Wenn ein Mensch auf einer Parkbank sitzt, dann lässt er für einen Moment einmal alle seine unmittelbaren Ziele los und entspannt sich ein wenig. Vielleicht scheint sogar die Sonne, von der er sich dann bescheinen lassen kann.

Jesus Christus möchte für unser ganzes Leben ein Hirte sein, der auf solch einer Bank schon auf uns wartet. Wir können uns vorstellen: Er sitzt schon da und wir können zu jeder Zeit, in der es uns möglich ist, in seine Gegenwart kommen und einfach loslassen.

Wie bei allen Abläufen des Tages gehört dazu auch eine Entscheidung: Ja, ich möchte ganz regelmäßig meine gewohnten Termine unterbrechen und mich mit meinem besten Freund, Jesus, treffen. Ich möchte ganz in Ruhe mit ihm über alles reden. Ich möchte auf ihn hören und ich möchte seine Gaben empfangen.

Das Beste an einer solchen Zeit mit Jesus ist eigentlich gar nicht unbedingt das, was im Einzelnen gesprochen wird. Das Schönste ist einfach, dass er da ist.

Wenn Kinder im Garten mit Wasser spielen, dann nehmen sie vielleicht einen Gartenschlauch in die Hand, um sich damit einmal kräftig zu bespritzen. Oder sie waten durch einen knietiefen Tümpel. Und vielleicht sind sie auch einmal so ausgelassen, dass sie sich einen Eimer voll Wasser einfach über den Kopf schütten.

Die Bibel gebraucht für den Heiligen Geist auch das Bild von den Strömen lebendigen Wassers, die von unserem Leib fließen sollen. Wenn das so sein soll, dann müssen wir in den gemeinsamen Zeiten mit Jesus mit diesem Wasser in Berührung kommen. Und so können wir uns vorstellen, dass

Jesus etwas von diesem Wasser nimmt, sobald wir auf der gemeinsamen „Bank“ angekommen sind und uns damit berührt, besprengt oder sogar überschüttet.

Loslassen und Empfangen

Je mehr wir von der Kraft des Heiligen Geistes erfüllt sind, umso mehr sind wir innerlich bereit, mit Jesus einen Weg des Gebetes zu gehen, der von echter Kommunikation geprägt ist. Wir tragen im Gebet unsere Anliegen vor, und wir nehmen uns Zeit, in der Stille auf ihn zu hören, auf das, was er uns sagen möchte.

Vielleicht sagt er: „Meine geliebte Tochter, mein geliebter Sohn, ich möchte dich noch viel mehr an mein Herz ziehen. Spürst du, wie es für dich schlägt und wie es mit denen fühlt, die in Gefahr sind, verloren zu gehen? Lass los und lehne dich an meine Brust an, dann empfängst du diese Liebe. Wie ein Feuer wird sie in dir brennen, und es wird dir leicht fallen, andere Menschen zu lieben.“

> *Ohne Schritte der Versöhnung können wir nicht in die Fülle einer vertrauten Beziehung zu unserem himmlischen Vater gelangen.*

Im Gleichnis vom verlorenen Sohn war der jüngere Sohn an einem Punkt angelangt, wo er sich nach seinem Vaterhaus zurücksehnte. Er war bereit, dort als Tagelöhner zu dienen und den Vater um Vergebung zu bitten. Und auch der Vater feierte mit seinem Sohn ein Fest der Versöhnung. Nur der ältere Sohn haderte und wollte zunächst seinem Bruder nicht vergeben.

Dieses Gleichnis macht sehr nachdrücklich deutlich, dass wir ohne Schritte der Versöhnung nicht in die Fülle einer vertrauten Beziehung zu unserem himmlischen Vater gelangen können. Und ohne diese Vertrautheit werden wir niemals sein Reden zu uns klar vernehmen können.

Die Liebe, die er uns schenkt, fließt gewissermaßen durch uns hindurch, bis sie übersprudelt und nicht mehr an sich halten kann. Dann müssen wir einfach von Jesus weitererzählen und engagieren uns für ihn.

Wenn ich mich noch nicht so überfließend fühle, kann ich versuchen, mich zu entspannen. Dann kann ich mir bewusst machen, dass der Heilige Geist in mein Herz ausgegossen ist und in mir lebt. Den Platz, an dem ich gerade versuche, zur Ruhe zu kommen, kann ich mit der Hand Gottes vergleichen, die mich tragen möchte, und vielleicht stelle ich mir vor, dass Jesus mir ein Kreuz auf die Stirn zeichnet.

Seinen Rat suchen

In unserem christlichen Lebenszentrum Wörnersberger Anker bieten wir gelegentlich in Gottesdiensten oder Seminaren eine Segnung mit Salbung an. Dabei wird jedem, der es möchte, mit ein wenig Salböl ein Kreuz auf die Stirn oder auch in die Hände gezeichnet.

Eines der Worte für Salbung in der Bibel, das hebräische Wort *maschach* (Wurzel des Wortes *maschiach* = Messias, Gesalbter), bezeichnet vor allem eine heilige Handlung an Menschen oder Gegenständen, z. B. wenn jemand zum König oder Priester geweiht wurde.

Wenn wir das hörende Gebet einüben, verbindet sich damit ebenfalls ein Schritt in eine neue Ebene der Verantwortlichkeit. Übergebe ich mein Leben und mit ihm auch meine Selbstbestimmtheit noch einmal neu dem Herrn? Darf er mich als ein „geheiligtes Gefäß" in seinem Heiligtum füllen und benutzen?

Gehe ich bei jeder wichtigen Entscheidung – allein oder mit anderen – in die Stille, um seinen Rat zu suchen? Und bleibe ich hier ganz geduldig, treu und beharrlich, bis ich wirklich etwas empfangen habe?

Dann wird deutlich, dass ich nicht nur „Herr" sage, sondern dass ich Jesus wirklich als Herrn in allen wichtigen

Situationen meines Lebens haben möchte. Ich werde immer bereiter, mich seinem Willen zu unterstellen, und werde dadurch Autorität und Vollmacht empfangen.

Dabei geht es auch um einen wichtigen Aspekt meiner Berufung. Wenn ich Jesus die Frage stelle, welche meiner Gaben besonders zum Einsatz kommen sollen, was er für mich vorbereitet hat und wie er mich gebrauchen will, dann besteht bei dieser Frage immer auch die Gefahr, dass es noch sehr um meine Selbstverwirklichung geht. Ich verknüpfe meine Identität womöglich noch zu sehr mit dem, was mir Jesus aufträgt, und nicht mit Jesus selbst.

Wenn Jesus mir einen Auftrag gibt, dann geht es jedoch zuerst immer darum, in einer bestimmten Form die Botschaft des Evangeliums zum Ausdruck zu bringen. Um diese Botschaft weitersagen zu können, brauche ich ein volles Herz, das nicht verzagt ist und sich nicht zurückzieht, sondern offensiv den Plan Gottes zu erfüllen sucht.

Geistliche Übung

Immer wieder stehen wir vor größeren oder kleineren Lebensentscheidungen. Wird mir der Rat meines Herrn dabei zur wichtigsten Hilfe? Breiten Sie einmal eine anstehende Entscheidung vor Gott aus. Schreiben Sie auch Ihre eigenen Wünsche und Vorstellungen auf. Notieren Sie das Für und Wider.

Werden Sie nun einmal still und spüren Sie nach, in welche Richtung Sie der Herr lenken möchte. Hier werden wir manchmal schnell mit der Frage konfrontiert, ob wir bereit sind, uns auch vom Heiligen Geist korrigieren und führen zu lassen. Wenn Sie im Hören noch unsicher sind, suchen Sie sich jemand, mit dem Sie die Frage gemeinsam prüfen können. Gott liebt es, wenn wir uns in dieser Weise öffnen, demütig sind und andere mit einbeziehen.

....

....

....

....

3 In der Stille

Wo möchtest du am liebsten sein?

In der Stille dürfen wir in die Gegenwart Gottes kommen. Denn obwohl Gott unerreichbar groß und majestätisch ist, ist er uns durch den Heiligen Geist doch auch ganz nahe in unserem Herzen.

Dies wurde mir einmal besonders eindrücklich, als ich vor einiger Zeit mit meiner Frau auf einer Wanderung im Gebirge unterwegs war. Wir hatten in einem Haus in Österreich Quartier bezogen und waren diesmal unterwegs zu einer Hütte, neben der auf der Karte ein kleiner Bergsee eingetragen war. Der Anstieg zu dieser Hütte wurde im Verlauf des Weges immer steiler, und so mussten wir als relativ ungeübte Bergsteiger schon unsere ganzen Kräfte aufbieten, um das letzte Stück des Weges zu bewältigen. Bei jedem weiteren Schritt in die Höhe aber tat sich ein wunderbarer Blick ins Tal auf, und auch die umliegenden Berggipfel traten immer imposanter hervor.

Als wir nun die Bergstation erreicht hatten, erfrischten und stärkten wir uns zunächst und genossen die wunderbare Aussicht. Die Sonne schien sehr warm an diesem Tag, und es war kaum ein Wölkchen am Himmel zu sehen. Dann setzten meine Frau und ich uns noch eine Weile an das Ufer des kleinen Sees, der hinter der Hütte lag. Sein Wasser schien unergründlich tief zu sein und leuchtete blau und türkis.

Als wir so dasaßen und auf das Wasser blickten, hörte ich Jesus mit einem Mal zu mir reden. Ich vernahm sein Reden als innere Stimme, die mir schon seit längerer Zeit mehr und mehr vertraut geworden war. Der Herr fragte mich:

„Arnd, was siehst du vor dir?" Ich antwortete im Stillen: „Einen kleinen Bergsee umgeben von hohen Gipfeln."

„Und wo möchtest du jetzt am liebsten sein?", fragte der Herr. „Am liebsten bei dir – in deiner Gegenwart", sagte ich.

„Wie stellst du dir meine Gegenwart vor?", fragte Jesus. „Ist sie wie die tiefe, unergründliche Ruhe des Sees vor dir? Oder ist sie so schwer erreichbar wie die Gipfel der Berge dort in der Höhe?"

Ich überlegte eine Weile. Dann erinnerte ich mich an das Wort aus Römer 5,5b: *Die Liebe Gottes ist ausgegossen in unsre Herzen durch den Heiligen Geist, der uns gegeben ist.*

Dann sagte ich: „Jesus, du lebst in unseren Herzen, deine Liebe haben wir empfangen. Du bist das ruhige, tiefe und unergründliche Wasser in uns. Du bist aber auch die unerreichte Höhe, der Heilige, über den wir staunen und den wir nur anbeten können!"

Am liebsten hätte ich mich nun an diesem schönen Platz niedergekniet, um Jesus zu loben und anzubeten, dessen Gegenwart ich gerade in diesem Bild vor mir sah: einen zugänglichen, friedlichen See, gefüllt mit klarem, erfrischendem Wasser und einen Berg von majestätischer und unerreichbarer Größe und Schönheit.

Heilig ist der Herr

In der Bibel finden wir viele wunderbare Beispiele, wie Menschen, die Gott vertrauten, es lernten, auf seine Stimme zu hören. Bei der Berufung Jesajas zum Propheten hatte dieser zunächst ein Bild vor Augen, bei dem er den Herrn auf einem erhabenen Thron sitzen sah:

> *In dem Jahr, als der König Usija starb, sah ich den Herrn sitzen auf einem hohen und erhabenen Thron und sein Saum füllte den Tempel. Serafim standen über ihm; ein jeder hatte sechs Flügel: Mit zweien deckten sie ihr Antlitz, mit zweien deckten sie ihre Füße und mit zweien flogen sie. Und einer rief zum andern und sprach: Heilig, heilig, heilig ist der Herr Zebaoth, alle Lande sind seiner*

> *Ehre voll! Und die Schwellen bebten von der Stimme ihres Rufens und das Haus ward voll Rauch* (Jesaja 6,1-4).

Als die Engel ganz ergriffen waren von der Heiligkeit Gottes und ihn mit lauter Stimme anbeteten, brachten sie die Haltung zum Ausdruck, die Gott auch bei den Menschen sucht, die ihn lieben und die seinen Worten folgen möchten. Beim Anblick der Herrlichkeit des Herrn fühlte sich Jesaja überführt im Blick auf persönliche Unreinheit und die seines Volkes. Er spürte, wie ihm dies die Unmittelbarkeit und den Zugang zu Gottes Thronsaal verstellte. Keinen Schritt konnte er hier weitergehen. Nur Gott persönlich konnte hier auf ihn zugehen und zu ihm sprechen. Und so sandte der Herr einen Engel.

> *Da flog einer der Serafim zu mir und hatte eine glühende Kohle in der Hand, die er mit der Zange vom Altar nahm, und rührte meinen Mund an und sprach: Siehe, hiermit sind deine Lippen berührt, dass deine Schuld von dir genommen werde und deine Sünde gesühnt sei* (Jesaja 6,6+7).

Wenn wir vor Gott still werden und in seinem Wort lesen, dann ergeht es sicher vielen von uns zunächst einmal ähnlich wie Jesaja. Wir werden uns seiner Heiligkeit bewusst, aber wir werden auch konfrontiert mit dem, was in uns arbeitet. Dabei können uns zum Beispiel ein einseitiges Leistungsdenken, Bitterkeit, ständiges Kreisen um uns selbst oder mangelnder Glaube bewusst werden. Das sind alles Dinge, die uns gegenüber dem Reden Gottes taub und gegenüber seinem Wirken gleichgültig werden lassen können.

Jesus hat am Kreuz für alle Sünde und alles Unreine im menschlichen Herzen mit seinem Blut bezahlt. Indem er dies auf sich nahm, hat sich der Zugang zum Thronsaal des Vaters aufgetan und wir dürfen die Heiligkeit und Herrlichkeit Gottes schauen und in seine Gegenwart eintreten. Und nur wenn wir die Reinigung im Blut Jesu immer wieder neu ergreifen und uns ihr aussetzen, wenn wir sie in unser Herz dringen lassen, wird in uns das Verlangen durchbrechen und immer stärker werden, nun auch Gottes Stimme zu hören, ganz persönlich und liebevoll, deutlich unterscheidbar von eigenen Gedanken oder der Meinung anderer. In uns wird langsam ein Durst geweckt werden, die Stimme des Vaters immer wieder zu hören. Und dieser Durst wird nicht mehr aufhören. Er wird immer größer werden, je mehr wir gelernt haben zu trinken.

Jesaja hatte solch ein unbändiges Verlangen, die Stimme Gottes zu hören und sich von ihr senden zu lassen. Er nahm die Vergebung seiner Schuld dankbar an, er blieb vor Gott stehen und er wartete darauf und sehnte sich danach, dass der Herr reden würde. Und so hörte er schließlich seine Stimme:

> *Wen soll ich senden? Wer will unser Bote sein? Ich aber sprach: Hier bin ich, sende mich* (Jesaja 6,8)!

Jesajas Blick in den himmlischen Thronsaal führte zu einem persönlichen Gespräch mit Gott selbst. Gott sucht solche Leute, die nichts anderes wollen, als seine Stimme zu hören.

Das himmlische Telefon

In meiner Stillen Zeit ist mir das Hören auf Gottes Stimme immer kostbarer geworden. Mehr von Gott zu hören habe ich dabei oft wie einen Moment des Aufwachens erlebt. Wach werden gegenüber den eigenen Gedanken, Sorgen und auch gewohnten Gebeten. Mir wurde bewusst, dass es in der Stillen Zeit zuallererst nicht darum geht, etwas an Gott heranzutragen – nicht einmal Lobpreis, Anbetung, Dank oder Fürbitte –, sondern auf Gottes Impulse zu warten.

Mittags lege ich mich gern ein wenig hin, und beim Wachwerden geschieht es manchmal, dass mir der Heilige Geist das eine oder andere Bild zeigt oder mich anspricht. Einmal rief in dieser Zeit eine gute Bekannte an, die sich für ein paar Fotos bedanken wollte. Sie riss mich aus dem Schlaf und ich versuchte – so gut es ging – auf sie einzugehen. Als das Gespräch beendet war, merkte ich, wie mich der Herr innerlich darauf aufmerksam machte, dass er mir in ähnlicher Weise begegnen möchte:

Wenn ich in der Stille vor ihm bin, möchte er zunächst, dass ich mich entspanne und warte. Er möchte nicht, dass ich gleich mit etwas loslege und bestimmte Dinge durchbete oder in der Bibel lese. Er möchte einfach, dass ich auf ihn warte. Wenn ich das tue, dann wird bald darauf „das Telefon" läuten. Ich werde dann einfach den Hörer abnehmen und sagen: „Ja, hier bin ich, Herr, was möchtest du mir sagen?" Und Gott wird am anderen Ende der Leitung sein, und er wird mir irgendetwas Besonderes mitteilen, das mich erfreut, ermahnt oder tröstet. Immer werde ich darin seine Liebe spüren. Ich werde richtig wach werden und plötzlich eine neue Sicht gewinnen. Mir wird deutlich werden, was in dieser Stillen Zeit jetzt dran ist: Welche Art des Gebets, welcher Text in der Bibel oder welches Lied. Ich werde Gott von ganzem Herzen loben und ihn ehren als Antwort auf das, was er mir gezeigt, mir zugesprochen oder offenbart hat.

Wenn ich in der Stille vor ihm bin, möchte er zunächst, dass ich mich entspanne und warte.

Gott möchte mich über das „himmlische Telefon" immer wieder anrufen. Und auch, wenn ich in der Verborgenheit die Gegenwart des Herrn suche, dann ist er mir schon einen Schritt vorausgeeilt, dann umfängt er mich von allen Seiten. Ich spüre seine Liebe und öffne mich für ihn. Dann warte ich einfach, bis „das Telefon" läutet. Ich hebe ab und bin gespannt, was Gott heute auf dem Herzen hat. Ich lasse mich hineinnehmen in den Strom des Heiligen Geistes und bete das, was auf seinem Herzen ist. Ich empfange neue Kraft und danke und preise Gott dafür.

Vielleicht spüre ich dann auch eine Last des Gebets für andere Menschen oder Umstände in meinem sozialen Umfeld. Auch hier führt mich der Herr weiter. Mir werden Schriftstellen wichtig, ich proklamiere das Wort Gottes und übe Fürbitte. Das alles tue ich aus dem heraus, was ich von ihm empfangen habe. Und der Herr salbt es, d. h. er schenkt die Kraft seines Geistes zu diesem Gebet, so dass auch schwierige Umstände sich nun verändern können oder Menschen nach dem Herrn zu fragen beginnen.

Alles hängt von meinem Umgang mit dem „himmlischen Telefon" ab. Ich kann auch einfach schnell hingehen, den Hörer abnehmen und Gott alle meine Sorgen, Klagen und Bitten vortragen und hoffen, dass er mir das Rechte dazu schon sagen wird. Aber ich kann es auch lernen, in einer Gebetszeit in Geduld zu warten, bis „das Telefon" läutet. Dann nehme ich voller Freude den Hörer ab und sage: „Ja, Herr, hier bin ich, was hast du heute auf dem Herzen?"

Der Kämmerer aus Äthiopien

In der Apostelgeschichte erfahren wir, wie sich das Evangelium ausbreitet, wenn Menschen bereit sind, ohne Zögern Gottes Reden zu folgen. In Apostelgeschichte 8 heißt es:

> *Aber der Engel des Herrn redete zu Philippus und sprach: Steh auf und geh nach Süden auf die Straße, die von Jerusalem nach Gaza hinabführt und öde ist. Und er stand auf und ging hin. Und siehe, ein Mann aus Äthiopien, ein Kämmerer und Mächtiger am Hof der Kandake, der Königin von Äthiopien, welcher ihren ganzen Schatz verwaltete, der war nach Jerusalem gekommen, um anzubeten. Nun zog er wieder heim und saß auf seinem Wagen und las den Propheten Jesaja. Der Geist aber sprach zu Philippus: Geh hin und halte dich zu diesem Wagen!* (Apostelgeschichte 8,26-29).

Der Kämmerer staunte über die Worte, die er gerade las:

Wie ein Schaf, das zur Schlachtung geführt wird, und wie ein Lamm, das vor seinem Scherer verstummt, so tut er seinen Mund nicht auf. In seiner Erniedrigung wurde sein Urteil aufgehoben. Wer kann seine Nachkommen aufzählen? Denn sein Leben wird von der Erde weggenommen (Apostelgeschichte 8,32b-33; vgl. Jesaja 53,7-8).

Wer war dieses Lamm, das sich so hingab, erniedrigte und so viele Nachkommen hatte? Hatte den Kämmerer nicht ein inneres Verlangen erfasst, als er seinen angesehenen Platz am Hofe der Kandake für eine Zeit lang verließ und sich nach Jerusalem aufmachte? Brannte in seinem Herzen nicht eine Sehnsucht, Gott mit allem, was er hatte, anzubeten und ihm die Ehre zu geben?

Um nach Jerusalem zu gelangen, musste er auf wochenlanger Reise verschiedene Länder und die Wüste Sahara überwinden, ein nicht nur für damalige Verhältnisse ausgesprochen gefährlicher und strapaziöser Weg. Wer würde ihm helfen, wenn Räuberbanden über ihn herfallen würden oder eine Krankheit ihn schwächen würde?

Gott selbst schenkte dem Kämmerer eine einzigartige Begegnung, die sein ganzes Leben veränderte. Er wird Philippus als den von Gott gesandten Boten erkannt haben. Welch ein Wunder, dass ihn ein fremder Mann im fahrenden Wagen anspricht, dass er das genau beim Lesen von Jesaja 53 tut, und dass er, nachdem er das Evangelium bezeugt hat und ihn getauft hat, einfach vor seinen Augen verschwindet und entrückt wird! Wie wird sich der Kämmerer über diese göttliche Führung gefreut haben? Und wie vielen wird er davon erzählt und ihnen den Glauben bezeugt haben?

Das Evangelium breitet sich dort aus, wo Menschen schlicht das tun, was Gott ihnen aufgetragen hat. Philippus hörte Gottes Stimme, und er folgte ihr ohne zu zögern.

Wir werden fruchtbar

So wichtig es ist, Gottes Aufträge auszuführen – in der Beziehung zu Gott geht es doch zuerst um etwas anderes: Er möchte uns seine Liebe zeigen. Und unser Leben wird gerade dann fruchtbar, wenn wir es gelernt haben, uns einfach so von Gott lieben zu lassen.

In den Bergen hatten wir im Sommer einmal ein Quartier, von dem aus man mit einem Sessellift über verschiedene Stationen auf über 2000 m in die Höhe fahren konnte. Wenn man oben angekommen war, konnte man sich einen Liegestuhl ausleihen und den Ausblick in die Weite genießen. Oft habe ich mir dorthin etwas zu lesen mitgenommen, habe meinen Gedanken nachgehangen, und manchmal habe ich im Stillen gebetet. Es war ein wunderbarer Platz, um Gott zu loben und zu preisen und auch zu hören, was er mir sagen möchte. Und am Schönsten war es, wenn Gott einfach sagte: „Ich habe dich sehr lieb! Du bist mein geliebter Sohn!"

Im Nachhinein hatte ich den Eindruck, dass ich mich Gott an diesem Ort besonders nah fühlte, so einfach entspannt in einem Liegestuhl mit einem weiten Blick in seine wunderbare Schöpfung. Ich hatte zuvor keinen langen Lobpreis angestimmt. Ich war auch nicht voller Hingabe auf diesen Berg gestiegen, sondern hatte mich im Sessellift hinaufziehen lassen. Ich war auch nicht mitten im Alltag, wo ich sofort das Gehörte hätte umsetzen können. Ich war einfach entspannt und spürte, dass Gott es liebte, mir in diesem Moment seine Gegenwart zu zeigen.

Der Vater liebt es, wenn wir jenseits aller Geschäftigkeit und Verpflichtung Zeit mit ihm verbringen. Er liebt es auch, wenn wir gelernt haben, in einer solchen Zeit die Anforderungen des Alltags wirklich einen Moment zurückzustellen und uns von ihnen nicht gefangen nehmen lassen. Dann hat er die Freiheit, uns liebevoll im Arm zu halten, und er schließt sein Herz auf und flüstert uns zärtliche Worte zu.

Es gibt ein seltsames Missverständnis, dass Gott ein Vater sei, der mit ständigen Erwartungen und Forderungen seinen Kindern begegnet. Er ist aber ein Vater, der uns mit Liebe und Augenmaß führt und der sich zuerst verschenkt, bevor er etwas erwartet.

Wenn wir gelernt haben, uns in dieser Weise von Gott lieben zu lassen, dann beginnt unser Leben fruchtbar zu werden. Druck und innere Antreiber nehmen mehr und mehr ab. So können wir uns immer besser dem überlassen, was der Heilige Geist in uns an Frucht hervorbringen möchte. Wir sind nun so weit, dass wir dieses innere Wachstum erlauben. Wir gestatten dem Heiligen Geist zu wirken. Wir entdecken die Vielfalt, die Gott in unser Leben hineingelegt hat.

Es gibt ein seltsames Missverständnis, dass Gott ein Vater sei, der mit ständigen Erwartungen und Forderungen seinen Kindern begegnet.

Genauso, wie wir im Herbst über die vielen Früchte staunen, die eingebracht werden, genauso freut sich Gott darüber, wenn unser Leben in seiner Gegenwart fruchtbar wird für ihn.

Was ist das Zoe-Leben?

Bei diesem Wachstum möchte der Vater, dass wir in die von ihm vorgesehene göttliche Qualität von Leben hineinwachsen. Dafür steht im Neuen Testament das griechische Wort *zoe,* das eine Art von Gottes Leben bezeichnet, die sich kraftvoll, ewig und überfließend in uns durchsetzen möchte.

Im Lexikon heißt es dazu: „Zoe ist das höchste Gesegnetsein eines Geschöpfes durch die Gabe des göttlichen, ewigen Lebens im Heiligen Geist, welches Christus durch sein Leiden und Sterben uns ermöglicht. Deshalb kann Jesus sich selbst als das Leben bezeichnen."

Bei Jesus kann man am besten sehen, wie dieses Zoe-Leben aussieht. Es ist nichts Vergeistigtes, Abgehobenes, nichts völlig Unsichtbares, sondern es ist spürbar und sichtbar in seinem Leben. Genauso konkret wirkt sich das Zoe-Leben auch in unserem Leben aus:

Jesus lebte ganz in seiner Bestimmung. Darum bedeutet das Zoe-Leben auch für uns, dass wir unsere Bestimmung entdecken und in ihr leben, dass wir in unsere Berufung hineinwachsen und das Potential entfalten, das Gott in uns hineingelegt hat.

Jesus lebte zudem in der Liebe zu anderen Menschen. Er war eng mit ihnen verbunden und lebte intensive Gemeinschaft. Deshalb gilt auch für uns, dass echtes Leben immer mit Liebe zu tun hat! Es wird bereichert durch die Gemeinschaft mit anderen.

Jesus konnte sich auch an der Schönheit des Lebens freuen. Er hat Feste gefeiert, mit Freunden zusammen gegessen und die Vielfalt der Schöpfung beobachtet: „Seht die Lilien auf dem Feld, die Vögel unter dem Himmel!“ So dürfen auch wir uns an der wunderbaren Welt, die Gott geschaffen hat, erfreuen. Das Zoe-Leben hat mit Freude und Lachen zu tun. Manchmal sind wir als Christen ernsthafter als Gott selbst. Woher sollte der Humor kommen, wenn nicht von Gott, der alles geschaffen hat?

> *Das Zoe-Leben hat mit Freude und Lachen zu tun. Manchmal sind wir als Christen ernsthafter als Gott selbst.*

Jesus hat sein Leben aus Liebe hingegeben. Er konnte auch Entbehrung und Verzicht auf sich nehmen, aus Liebe zu seinem Vater. Echtes Leben heißt von daher nicht äußerer Reichtum und Ansehen, sondern es bedeutet, anderen Gutes zu tun und sich selbst zu verschenken. Dabei dürfen auch wir uns vom Heiligen Geist – dem „lebendigen Wasser“ – leiten und erfüllen lassen.

Geistliche Übung

Ich bin gekommen, damit sie das Leben (zoe) *und volles Genüge haben sollen* (Johannes 10,10). Wenn Sie jetzt dieses Leben, das Jesus Ihnen schenken möchte, so vor Augen haben, können Sie sich fragen:

- In welchen Bereichen meines Lebens hat es sich schon entfaltet? Wo kann ich einen Teil meiner Berufung bereits leben, die Beziehungen zu anderen genießen, das Reden des Heiligen Geistes hören und seine Liebe erfahren?

....

....

....

....

- Und wo noch nicht? Wo gibt es noch Bereiche, in denen dieses Leben noch nicht richtig zum Durchbruch gekommen ist? Wo erlebe ich innere Kämpfe, bin entmutigt, habe Konflikte, spüre innere Unfreiheit und bin von der Meinung anderer abhängig? Wo nimmt mich noch ein innerer Mangel gefangen?

....

....

....

....

4 Wachstum und Befähigung

Auf dem Berg der Verklärung

Wir können im Hören auf die Stimme Jesu wachsen, indem wir uns immer mehr in die Gemeinschaft mit ihm hineinnehmen lassen. Eine besondere Erfahrung dieser Nähe Gottes machten einmal die Jünger Petrus, Jakobus und Johannes, als Jesus sie mit auf einen hohen Berg nahm. Dann heißt es in Matthäus 17,2-7:

> *Und er wurde verklärt vor ihnen, und sein Angesicht leuchtete wie die Sonne, und seine Kleider wurden weiß wie das Licht. Und siehe, da erschienen ihnen Mose und Elia; die redeten mit ihm.*
>
> *Petrus aber fing an und sprach zu Jesus: Herr, hier ist gut sein! Willst du, so will ich hier drei Hütten bauen, dir eine, Mose eine und Elia eine. Als er noch so redete, siehe, da überschattete sie eine lichte Wolke. Und siehe, eine Stimme aus der Wolke sprach: Dies ist mein lieber Sohn, an dem ich Wohlgefallen habe; den sollt ihr hören! Als das die Jünger hörten, fielen sie auf ihr Angesicht und erschraken sehr. Jesus aber trat zu ihnen, rührte sie an und sprach: Steht auf und fürchtet euch nicht!*

Dort oben wurde Jesus vor den Augen der drei Jünger verklärt. Seine Herrlichkeit wurde mit einem Mal offenbar. Sie leuchtete auf seinem Angesicht und auf seinen Kleidern, die weiß wie das Licht wurden.

Die Bestätigung des Gottessohnes durch die Stimme des Vaters war für die Jünger ein einschneidendes Erlebnis. Noch Jahre später, als Petrus seinen zweiten Brief schrieb, bezog er sich auf dieses Ereignis (vgl. 2. Petrus 1,16-18).

Wenn wir heute lernen wollen, in einer klaren und eindeutigen Weise die Stimme Gottes zu hören, dann kommt es darauf an, dass wir, bildlich gesprochen, mit Jesus in unserem Herzen immer wieder an solch einen Ort der Verklärung gelangen. Denn auch wir sind darauf angewiesen, dass uns Jesus auf die Seite nimmt und wir die Erfahrung einer besonderen Gemeinschaft mit ihm machen.

So, wie die Herrlichkeit Jesu auf dem Berg der Verklärung aufleuchtet, soll auch die Herrlichkeit der Kinder Gottes aufleuchten (vgl. 2. Korinther 3,18), wenn sie auf ihren Meister hören und der Vater dann zu ihnen sagt: „Ihr seid meine geliebten Söhne und Töchter!"

Petrus ist so begeistert von dieser intensiven Kommunikation zwischen Jesus, Mose, Elia und dem Vater, dass er hier ein Haus, eine Hütte, errichten will. Was könnte es Schöneres geben, als für immer an diesem Ort zu bleiben, der von solcher Heiligkeit, Reinheit und dem so klaren Reden Gottes geprägt war?

Das Abendmahl

Damit sich die Herrlichkeit des Herrn in uns entfalten kann, bedürfen wir auch der Gemeinschaft mit Jesus im Abendmahl. Denn Jesus ist im Abendmahl gegenwärtig, er handelt in ihm, und wir dürfen Vergebung der Sünden empfangen.

Bei der Einsetzung des Abendmahls war Jesus im vertrauten Kreis mit seinen Jüngern zusammen. Zuvor hatten sie ihn gefragt, wo sie ihm das Passahlamm zubereiten sollten. Und Jesus hatte zu ihnen gesagt:

> *Siehe, wenn ihr hineinkommt in die Stadt, wird euch ein Mensch begegnen, der trägt einen Wasserkrug; folgt ihm in das Haus, in das er hineingeht, und sagt zu dem Hausherrn: Der Meister lässt dir sagen: Wo ist der Raum, in dem ich das Passahlamm essen kann mit meinen Jüngern? Und er wird euch einen großen Saal zeigen, der mit Polstern versehen ist; dort bereitet es. Sie gingen hin und fanden's, wie er ihnen gesagt hatte, und bereiteten das Passahlamm* (Lukas 22,10-13).

Jesus nahm daraufhin das Brot, dankte dafür und gab den Jüngern etwas davon und er sagte: *Das ist mein Leib, der für euch gegeben wird; das tut zu meinem Gedächtnis.*

Genauso nahm er nach der Mahlzeit auch den Kelch und sprach: *Dieser Kelch ist der neue Bund in meinem Blut, das für euch vergossen wird* (Lukas 22,19b+20b).

In dem für uns gegebenen Blut Jesu liegt die Kraft der Versöhnung, die uns erlöst. Durch die Versöhnung mit Gott können wir uns schließlich auch mit erlebtem Unrecht, Verletzungen oder irgendeinem Verlust aussöhnen. Das ist sehr wichtig für unsere Beziehung zu Gott. Denn zunächst ist das Gespräch, das wir in unserem Herzen mit Gott führen, oft noch sehr beeinflusst von den Beeinträchtigungen, die unsere Lebensgeschichte uns auferlegt hat, und der Haltung, die wir ihnen gegenüber eingenommen haben. So sprechen wir mit Gott vielleicht als stolze, resignierte, übermütige, zaghafte oder immer auf der Flucht befindliche Menschen.

Wenn wir aber so wie die Jünger mit Jesus verbunden sind und gelernt haben, ihm zu folgen, dann wird uns das Herz erwartungsvoll aufgehen, wenn wir das Abendmahl feiern. Und immer deutlicher wird dies dann die demütige Haltung in uns hervorbringen, in der wir klar und deutlich seine Stimme hören können.

Jesus schenkt neue Kraft

Neulich betete ich einmal in einem seelsorgerlichen Gespräch für einen jungen Mann. Sein größtes Problem war es, dass er sich gegenüber Gott als Vater getrennt und abgeschnitten fühlte. Es war für ihn immer schwieriger geworden, auf Gottes Wort und die feinen Impulse des Heiligen Geistes zu hören.

Nachdem wir uns ein wenig ausgetauscht hatten und auch die Zusammenhänge mit seiner leiblichen Vaterbeziehung angesprochen hatten, einigten wir uns auf eine gemeinsame Zeit der Stille. Dabei fiel mir auf, wie sich seine

Hände verkrampften und er sie zum Gebet gegeneinander presste.

Behutsam nahm ich seine Hände und bat ihn, einfach einmal loszulassen. Es fiel ihm schwer, aber mit der Zeit gelang es ihm besser. Dann öffnete ich seine Hände wie zu einer Schale, die ich wiederum in meinen Händen hielt.

Dann schlossen wir die Augen und bekamen von Gott folgendes Bild geschenkt. Der junge Mann erschien dabei wie das Schaf, das sich im Gestrüpp verfangen hatte und um dessen willen Jesus die neunundneunzig zurückließ. Jesus machte sich die Mühe, das Schaf behutsam zu befreien, und er trug es auf seiner Schulter zur Herde zurück.

Mit diesem Bild empfingen wir die Verheißung, dass Jesus die Zeit der Gefangenschaft und des Kämpfenmüssens beenden und neue Kraft schenken wollte.

Meine Schafe hören meine Stimme

Mir wurde in letzter Zeit deutlich, dass der Herr nicht nur im persönlichen Leben, sondern auch in der Kirche insgesamt das Hören auf seine Stimme wiederherstellen möchte. Dabei kann besonders die Gabe der Prophetie der Gemeinde Wegweisung geben und ihr – begleitet von Zeichen und Wundern – die Türen für die Gegenwart des Heiligen Geistes öffnen. Denn die prophetische Gabe inspiriert die Verkündigung und erlaubt dem Heiligen Geist, sich vielfältig zu manifestieren.

Wir können uns als Bild dafür einen Garten vorstellen, in dem über einen langen Zeitraum immer nur ganz bestimmte Pflanzen, sprich Gaben, begossen wurden. Diese Pflanzen haben wie starke Bäume ein beträchtliches Alter erreicht. So sind z. B. die Hirten- und die Lehrgabe im Laufe der Kirchengeschichte erhalten geblieben, ebenso gibt es noch Apostel und Evangelisten.

In Epheser 4,11 werden im fünffältigen Dienst die Apostel, Propheten, Evangelisten, Hirten und Lehrer genannt.

Wenn es zu einer Wiederherstellung des fünffältigen Dienstes kommen soll, dann muss die „Pflanze" der Prophetie deshalb in besonderer Weise bewässert werden. Sie ist auf den Fluss des Heiligen Geistes angewiesen und ist vielleicht am empfindlichsten gegenüber einer Vermischung mit natürlichem, d. h. vom Geist dieser Welt getrübtem Wasser. Sie knickt als erste ab, wenn die Salbung des Geistes nachlässt.

In diesem Fall könnte wieder die Meinung überhand nehmen, dass man ja eigentlich nur in sehr bescheidener Weise Prophetie braucht, da es sonst Auswüchse geben könnte und die Gemeinde ja auch so gut läuft.

In einem Garten aber, in dem die Prophetie blüht, entwickelt sich die Farbigkeit des Heiligen Geistes und seiner Gaben. Die Blüten sind voller Nektar, und die Kinder Gottes empfangen endlich die Stärkung, die Gott schon lange für sie vorgesehen hat.

Gott hebt uns empor

Wenn früher Heißluftballons gestartet wurden, konnte man nach einiger Zeit sehen, wie Ballast abgeworfen wurde. Außerdem wurde immer wieder Heißluft in den Ballon geblasen, so dass er immer höher stieg und schließlich immer kleiner werdend am Horizont verschwand.

Man kann das Aufsteigen des Ballons mit unserer Gottesbeziehung vergleichen: Das Abwerfen von Ballast und die Wärme des Gebetes sind ein Bild für die persönliche Herausforderung auf dem Weg, sich Gott zu nahen.

Gott schenkt uns dieses Emporheben auch durch Engel. Wenn wir Gott im Geist und in der Wahrheit anbeten, dann kommen sie, schenken uns Offenbarung und heben uns aus unserer Begrenztheit und unseren alltäglichen Sichtweisen empor. Angenommen, wir könnten das so klar sehen wie den Aufstieg eines Heißluftballons, dann würden wir noch viel mehr unsere Sorgen auf Jesus werfen und anbeten.

Der Segen des Hörens

Gott möchte uns durch das Hören auf seine Stimme segnen. Es ist ein großes Missverständnis, als ginge es bei diesem Hören nur um das Wahrnehmen irgendwelcher Anweisungen, die Gott in unsere Gedanken fließen lässt. Wenn ich einen Impuls von Gott empfange, werde ich immer berührt von dem „Salböl" des Heiligen Geistes. Und je mehr ich höre, umso mehr empfange und schmecke ich davon. Irgendwann bin ich dann regelrecht eingehüllt in die Liebe und Gegenwart Gottes. Und es fließt dann etwas, was von mir weiterdrängt zum Nächsten und auch ihn dadurch segnen möchte.

Die Gaben des Geistes können sich entfalten, wenn wir uns vollständig von Gott leiten lassen. Dann entwickelt sich eine wunderbare Verbundenheit zwischen uns, dem Vater und den Menschen, denen wir dienen. Wenn ich einen anderen Menschen segne, kann ich von daher fragen: Herr was schenkst du mir für ihn, was möchtest du dem anderen sagen, wo möchtest du ihn berühren?

Geistliche Übung

Machen Sie dies nun gleich einmal als kleine Übung. Denken Sie an einen lieben Menschen, den Sie durch das Hören auf Gott segnen wollen. Fragen Sie den Herrn einfach, was er Ihnen für die Person gibt. Schreiben Sie es auf, und beten Sie für das, was Ihnen wichtig wird.

....

....

....

....

5 Begabung und Auftrag

Bedingungslos glauben?

Die ersten Laute, die ein kleiner Mensch hört, sind in der Regel die seiner Eltern. Diese freuen sich über ihr Neugeborenes, sie lachen ihm zu, sie jubeln und rufen es bei seinem Namen. Das Kind lernt dabei nicht nur, zwei Stimmen in ihrem Klang zu unterscheiden, es lernt auch, diesen Stimmen zu vertrauen und sich ganz auf sie zu verlassen.

Wie viele Menschen können von sich sagen, dass sie dem, was ein bestimmter Mensch ihnen sagt, bedingungslos glauben? Haben wir nicht selbst in den glücklichsten Beziehungen gelegentlich einen gewissen Zweifel, ob der andere uns nicht an der Nase herumführt oder uns auf die Probe stellt?

In der Kommunikationswissenschaft hat man festgestellt, dass, je länger zwei Menschen mit den gegenseitigen Reaktionsweisen vertraut sind, sie sich bei bestimmten unangenehmen Fragestellungen kaum noch zuhören, während es bevorzugte Bereiche gibt, wo beide sehr aufmerksam sind. Das kann dazu führen, dass der eine den anderen immer ein bisschen kontrolliert, damit dieser nicht auf die „empfindlichen" Bereiche zu sprechen kommt. So bleibt immer alles schön harmonisch.

Jesus stellt Fragen

Jesus dagegen brachte in seinen Gesprächen die Dinge auf den Punkt und sprach genau das an, auf was es ankam. Und er tat es in einer solchen Liebe, dass die Menschen seinen Worten bedingungslos glauben konnten.

Der Respekt, den Jesus dabei den Menschen entgegenbrachte, bewegte ihn oft dazu, dass er ihnen nicht einfach etwas vorhielt, sondern dass er sie zu Beginn eines Gespräches schlicht etwas fragte. So hatte Petrus zum Beispiel einmal mit seinen Freunden eine ganze Nacht lang gefischt, und sie hatten so gut wie nichts gefangen. Als sie erschöpft und ermüdet am frühen Morgen zurückkehrten, stand Jesus am Ufer und fragte sie:

> *Kinder, habt ihr nichts zu essen? Sie antworteten ihm: Nein. Er aber sprach zu ihnen: Werft das Netz aus zur Rechten des Bootes, so werdet ihr finden. Da warfen sie es aus und konnten's nicht mehr ziehen wegen der Menge der Fische* (Johannes 21,5+6).

Als Petrus diesen Fang betrachtete, fiel er vor Jesus nieder und sagte: *Herr, geh weg von mir, ich bin ein sündiger Mensch* (Lukas 5,8b).

Dass sich Petrus als sündhafter Mensch überführt fühlte, lag nicht daran, dass ihm Jesus ins Gewissen geredet hätte, sondern es lag an der Art, wie Jesus nach seinem Ergehen gefragt und wie er ihm durch ein Wunder geholfen hatte. In der Beziehung, die Jesus zu den Jüngern einging, konnte er auf der einen Seite ermutigend und heilend auftreten, andererseits befähigte er sie auch und erwartete von ihnen Gehorsam und Gefolgschaft.

Das Gebet kann auch für uns zu einer Quelle werden, wenn in uns wach bleibt, was Jesus uns zuallererst fragen möchte. Um diese Frage, die Jesus zuerst an uns richtet, geht es auch in der geistlichen Übung am Ende des Kapitels.

Eine gute Navigation

Jesus möchte uns auch in Entscheidungen leiten. Im Hintergrund größerer Entscheidungen laufen oftmals komplexe Prozesse bei einer Person ab. Es ist gar nicht so einfach, das Für und das Wider angemessen auf die Waagschale zu legen, ohne schon von vorneherein eine Gewichtung vorzunehmen. Und es gibt Leute, die wissen immer schon gleich, was zu tun ist, und solche, die vor lauter Vorbehalten nie zu einem Entschluss kommen.

Wenn man sich einmal die Steuerung eines Schiffes ansieht, dann kann man, was das Treffen von Entscheidungen angeht, einiges lernen. Wenn ein Kapitän auf offener See von der Brücke seines Schiffes blickt, dann sieht er zunächst relativ wenig vor sich. Vielleicht kreuzt in geraumer Entfernung ein anderer Ozeanriese seinen Weg, oder Vögel ziehen am Himmel dahin. Aber ansonsten ist da nur der Himmel und das weite Meer, und alle Wege scheinen offen zu stehen.

Wenn nun der Kapitän versucht Kurs zu halten, weil er in jedem Fall sein fernes Ziel erreichen will, dann wird er nicht ständig an Deck stehen und auf jede Bewegung des Meeres achten, sondern er wird sich auf seine Navigationsinstrumente verlassen, mit denen er die Richtung seiner Fahrt genau berechnen kann. Um diese Instrumente sicher und geschickt zu bedienen, braucht es Übung und Geschick. Dann kann man sich auch in den Weiten des Meeres ganz darauf verlassen.

Den gleichen Stellenwert, den die Navigation für einen Kapitän hat, hat nun das Hören auf Gottes Stimme für einen Christen. Zunächst kommt es darauf an, dass ich mir ein fundiertes biblisches Wissen aneigne und gute Predigten höre, die meinen Glauben stärken. Aber dann stellt sich auch die Frage: Was möchte mir Jesus heute sagen? Was legt er mir aufs Herz? Wohin oder zu wem möchte er mich heute senden? Womit kann ich ihm vielleicht eine Freude bereiten?

Den gleichen Stellenwert, den die Navigation für einen Kapitän hat, hat nun das Hören auf Gottes Stimme für einen Christen.

Es geht um meine Motivation: Brennen diese Fragen in meinem Herzen, weil ich Jesus lieb habe, weil ich ihm jeden Tag neu begegnen und ich auf ihn Acht haben möchte?

Möchte ich mich in allen Dingen – auch in scheinbar unbedeutenden Angelegenheiten – von ihm führen lassen, ihm dienen und ihm die Ehre geben?

Festliche Momente

So läuft alles auf die Frage hinaus, ob Jesus wirklich Priorität hat in unserem Leben und wir ihm das Kostbarste geben, das wir haben.

Gelegentlich gibt es Tage, die für uns von großer Bedeutung sind. Unser Geburtstag, der Tag unserer Eheschließung, die Geburt eines Kindes. Daneben verstreichen viele Tage, die keinen besonderen festlichen Glanz zu haben scheinen.

Wie aber sah nun der Alltag von Jesus aus? Gab es bei ihm auch ganz besondere Tage? Lesen wir dazu einmal eine kleine Passage aus dem Johannesevangelium:

> *Sechs Tage vor dem Passahfest kam Jesus nach Betanien, wo Lazarus war, den Jesus auferweckt hatte von den Toten. Dort machten sie ihm ein Mahl und Marta diente ihm; Lazarus aber war einer von denen, die mit ihm zu Tisch saßen. Da nahm Maria ein Pfund Salböl von unverfälschter, kostbarer Narde und salbte die Füße Jesu und trocknete mit ihrem Haar seine Füße; das Haus aber wurde erfüllt vom Duft des Öls* (Johannes 12,1-3).

Als Maria das kostbare Salböl auf die Füße Jesu goss, war dies ein festlicher Moment für ihn. Jesus wurde darüber von großer Freude erfasst. Ja, es muss ihn wohl begeistert haben. Wenn wir das Kostbarste, das wir haben, nicht mehr für uns behalten, sondern es Jesus geben und ihn damit ehren, dann verwandelt sich die Beziehung zu ihm grundlegend.

Es gibt bestimmte Prinzipien, die auch für unsere Beziehung zu Jesus gelten. Rede ich mit Jesus wie mit einem Freund, oder spreche ich mit ihm wie mit einem Rechtsanwalt, der hauptsächlich meine Anliegen vertreten und für sie streiten soll? In einer Freundschaft genieße ich einfach seine Gegenwart und achte auf alles, was er mir sagt. Auch spüre ich etwas von seinen Regungen, und wir tun uns zusammen, um ganz bestimmte Dinge zu erreichen, vor allem das, was ihm auf dem Herzen liegt und was dem Reich Gottes zum Durchbruch verhilft.

In einem Kalender finden sich oft eine Reihe von Spalten, in die man einzelne Termine eintragen kann. Die Frage ist, ob auch regelmäßig ein fester Termin für Jesus reserviert ist. Es ist eine wichtige Voraussetzung, um in eine vertraute Zwiesprache mit Jesus zu gelangen, dass ich jeden Tag eine reservierte Zeit mit meinem Herrn habe. Und in dieser Zeit sollte jeder eine Redezeit haben. So wie ich meine Gebete formuliere, genauso kommt es auf eine Zeit der Stille an, in der einfach Jesus reden darf und ich auf ihn höre.

Es ist eine wichtige Voraussetzung, um in eine vertraute Zwiesprache mit Jesus zu gelangen, dass ich jeden Tag eine reservierte Zeit mit meinem Herrn habe.

In einem Wartesaal sitzen Menschen oft einige Zeit, bis die Reise weitergeht und ein Zug oder ein Flugzeug sie näher zu ihrem Ziel bringt. Wenn wir die Stimme Jesu hören wollen, dann kommt es darauf an, dass wir uns in den „Wartesaal" seiner Gegenwart setzen und darauf vertrauen, dass er unser Herz berührt und dass der Heilige Geist uns seine Liebe zuspricht, und dass wir loslassen und in eine Haltung des Empfangens gelangen.

Geistliche Übung

In diesem Abschnitt ging es darum, dass Jesus die Jünger zuerst oft etwas fragte. Vielleicht gehen Sie nun einmal einen Moment in die Stille. Sie können die Augen schließen. Richten Sie sich in Ihrem Herzen auf Jesus aus, und sagen Sie schlicht zu ihm: „Herr, welche Frage möchtest du mir zuerst stellen?" Schreiben Sie alles auf, was der Heilige Geist in Ihre Gedanken fließen lässt. Was kommt Ihnen in den Sinn?

....

....

....

....

6 Loslassen und Empfangen

Jesus lässt uns Freiheit

Das Beten kann zur besonderen Quelle in unserem geistlichen Leben werden, wenn das Hören auf Gottes Stimme dem Gebetsfluss Ausrichtung und Kraft verleiht. Das bedeutet dann, dass unser Alltag, alle Aufgaben, Erledigungen und Entscheidungen, vom Hören auf den Herrn beeinflusst und inspiriert werden.

Das Hören auf Jesus kann uns aber auch vor ganz unterschiedliche Herausforderungen stellen. Das zeigt das Beispiel von einem Hirten, der seine Schafe zunächst auf eine saftige, grüne Wiese führt. Dort werden sie sich tummeln und sich das Gras schmecken lassen. Sie werden es sich gut gehen lassen und beim Wiederkäuen zufrieden schauen. Sie werden ihrem Hirten vertrauen und nicht daran zweifeln, dass er sie hier an einen richtigen Ort geführt hat.

Wenn er sie aber weiterführt, wenn es über Höhen und Tiefen zu neuen Weideplätzen geht und sie auf engen Wegen drängeln und schieben, dann werden sie vielleicht immer unruhiger und streitsüchtiger; einige brechen möglicherweise sogar aus.

Es gibt Hirten, die nun sehr scharf durchgreifen und die Schafe zum Parieren bringen; sie lassen ihren Hund für die nötige Ordnung sorgen. Aber wenn wir dieses Bild mit Jesus vergleichen, der uns auf unserem Weg führt, dann bleibt er in diesem Moment uns gegenüber genau derselbe wie auf der grünen Wiese. Er lässt uns sehr viel Freiheit; er ermahnt uns zwar, wenn wir vom Weg abweichen, aber er würde uns nicht mit Gewalt zurückhalten.

Erhalte meinen Gang auf deinen Wegen

Wenn wir in Anspannung oder Stress geraten, kommt es uns vielleicht so vor, als würden auch die Schritte Jesu schwerfälliger und mühsamer. Seine wohltuende Nähe ist dann gar nicht mehr richtig zu spüren, als würde auch er nur darauf warten, dass es für uns möglichst bald eine Erleichterung und Entlastung gäbe.

Doch sind wir uns dessen bewusst, dass unsere mühseligen Wege ihre Belohnung haben, wenn wir sie mit Jesus gehen? In den Psalmen drückt der Beter häufig die Erfahrung aus, dass es um ein Erbteil geht, das wir auf dem Weg mit Gott erlangen können. Jesus leidet zunächst mit an der Mühsal unserer Herzenswege, aber er weiß um die überaus große Belohnung durch den Vater, die auf den wartet, der überwindet. Er selbst hat durch seine Hingabe, sein stellvertretendes Sterben am Kreuz und seine Auferstehung dieses Erbe für uns erworben, und gleichzeitig hat er es selbst in Besitz genommen.

Wenn jemand ein Erbe vor Augen hat, dann reagiert er auf Durststrecken anders als jemand, der kein Ziel vor Augen hat.

Wenn jemand ein Erbe vor Augen hat, dann reagiert er auf Durststrecken anders als jemand, der kein Ziel vor Augen hat. Das Angesicht Jesu zu schauen ist für uns Christen ein solches Ziel. Vielleicht tun sich viele Widerstände auf diesem Weg auf, wenn es darum geht, es zu erreichen, oder es warten Prüfungen auf mich, die ich mir allein nicht zugetraut hätte. Aber wenn ich auf Jesus schaue, ist er für mich die große Konstante, selbst wenn ich mich angegriffen und unsicher fühle.

In Psalm 17,4-15 richtet sich die Hoffnung des Beters darauf, in allen Schwierigkeiten und Anfechtungen auf das Antlitz Gottes zu schauen und daran satt zu werden:

Im Treiben der Menschen bewahre ich mich vor gewaltsamen Wegen durch das Wort deiner Lippen. Erhalte meinen Gang auf deinen Wegen, dass meine Tritte nicht gleiten. Ich rufe zu dir, denn du, Gott, wirst mich erhören; neige deine Ohren zu mir, höre meine Rede!

Beweise deine wunderbare Güte, du Heiland derer, die dir vertrauen, gegenüber denen, die sich gegen deine rechte Hand erheben.

Behüte mich wie einen Augapfel im Auge, beschirme mich unter dem Schatten deiner Flügel vor den Gottlosen, die mir Gewalt antun, vor meinen Feinden, die mir von allen Seiten nach dem Leben trachten. Ihr Herz haben sie verschlossen, mit ihrem Munde reden sie stolz. Wo wir auch gehen, da umgeben sie uns; ihre Augen richten sie darauf, dass sie uns zu Boden stürzen, gleichwie ein Löwe, der nach Raub lechzt, wie ein junger Löwe, der im Versteck sitzt.

Herr, mache dich auf, tritt ihm entgegen und demütige ihn! Errette mich vor dem Gottlosen mit deinem Schwert, vor den Leuten, Herr, mit deiner Hand, vor den Leuten dieser Welt, die ihr Teil haben schon im Leben, denen du den Bauch füllst mit deinen Gütern, deren Söhne auch noch satt werden und ihren Kindern ein Übriges hinterlassen.

Ich aber will schauen dein Antlitz in Gerechtigkeit, ich will satt werden, wenn ich erwache, an deinem Bilde.

Unser Hirte Jesus gab für uns sein Leben und ließ all das los, was er auf Erden noch hätte erreichen können. Genauso führt er auch uns oft Wege, die uns zu einem Loslassen um des Reiches Gottes willen verhelfen sollen.

Das Zeichen unseres Herzens

In seiner Rolle als Hirte sagt Jesus von sich:

Ich bin die Tür zu den Schafen. Alle, die vor mir gekommen sind, die sind Diebe und Räuber; aber die Schafe ha-

ben ihnen nicht gehorcht. Ich bin die Tür; wenn jemand durch mich hineingeht, wird er selig werden und wird ein- und ausgehen und Weide finden (Johannes 10,7-9).

Die Tür, die Jesus beschreibt, öffnet sich für den, der sein Herz mitten auf einem unebenen und holprigen Lebensweg für ihn öffnet. Alle Versuche, allein aus eigener Kraft die Steine beiseite zu räumen oder den Weg zu begradigen, gibt derjenige auf, der die starke und helfende Hand des guten Hirten erfahren hat, als er selber nicht mehr weiterwusste.

Den Weg in die Freiheit können wir mit Vögeln vergleichen, die lange im Käfig gehalten wurden. Wenn sie dann plötzlich freigelassen werden, können wir beobachten, wie sie unsicher hin und her fliegen, weil sie plötzlich unter freiem Himmel auf sich gestellt sind. Sie haben es nicht ausreichend gelernt, für sich selbst zu sorgen oder einer bestimmten Richtung zu folgen.

Wenn wir einen bestimmten Mangel oder Verletzungen in unserem Leben erlebt haben, dann schaffen wir uns oft selbst einen Käfig um unser Herz, der es schützen oder vor weiteren Verlusten bewahren soll.

Der Preis für diesen Schutz ist jedoch dann die unbequeme Enge und die Unfreiheit des Käfigs. Wenn ich in ihm stecke, kann ich immer nur schauen, was die anderen gerade machen und ob ich im Moment ausreichend sicher bin.

Die Liebe, die mir der Heilige Geist schenken möchte, respektiert zunächst diesen Käfig; er rüttelt auch nicht an ihm oder bricht ihn gewaltsam auf, auch wenn wir uns dies manchmal wünschen würden. Der Heilige Geist ist der Ermutiger, der Tröster und der Ermahner, aber er ist nicht der Zauberer oder der Supermann, der Hindernisse ohne unser Einverständnis und Mitwirken beliebig beiseite räumt.

Oft wartet er auch auf ein Zeichen unseres Herzens, dass wir Krisen zulassen und ein inneres Ja dazu finden. Man kann das mit dem Aufenthalt eines Schiffes in einer Schleuse vergleichen. Wenn ein Schiff in die Schleuse hineingefahren ist, kann es nicht mehr viel tun. Es kann weder zurück noch vorwärts fahren. Es kann auch nicht zur Seite abdrehen, sondern muss die vorgegebene Fahrtrichtung beibehalten.

Die Schleuse allein entscheidet darüber, wann sie sich wieder öffnet. Sie kann es erst, wenn der Wasserspiegel dem neuen Pegel angeglichen ist. Und erst wenn das Schiff die Schleuse verlassen hat, kann es wieder selbst über seinen Kurs bestimmen.

Krisen sind oft solche Schleusen in unserem Leben, die wir passieren müssen. Aber wenn wir sie zulassen und ein inneres Ja dazu finden, können sie größere Veränderungsprozesse auslösen, als dies in Zeiten freier und ungehinderter Fahrt möglich gewesen wäre.

In den Veränderungsprozessen und Krisen in unserem Leben ist es das Ziel von Jesus, den Boden unseres Herzens fruchtbar zu machen.

In den Veränderungsprozessen und Krisen in unserem Leben ist es das Ziel von Jesus, den Boden unseres Herzens fruchtbar zu machen. Die Dornen und Disteln, von denen im Lukasevangelium die Rede ist, wollen den Boden unseres Herzens ständig überwuchern und die gute Saat ersticken. Aber das gute Land ist von ihnen befreit, und dort geht die Saat auf und trägt hundertfach Frucht. Als Jesus davon sprach, rief er noch: *Wer Ohren hat zu hören, der höre!* (Lukas 8,8b).

Geistliche Übung

Die Liebe Gottes ist ausgegossen in unsere Herzen (Römer 5,5), und der Heilige Geist wohnt in uns. So ist es nicht schwer, auf seine feinen Impulse zu achten und zu lernen, sie aus dem vielen, was täglich auf uns einströmt, herauszuhören.

Aber es kann „Disteln und Dornen" in unserem Herzen geben, die diese Saat immer wieder ersticken wollen, z. B. Ängste, Sorgen, innere Lügen oder ein negatives Selbst- und Gottesbild. Insgesamt bedeuten die „Disteln und Dornen" einfach eine zu große Ichbezogenheit und Ichbefangenheit.

- Bitten Sie den Herrn, Ihnen alle stolzen Positionen – sofern vorhanden – zu zeigen. Tun Sie Buße darüber und lösen Sie sich davon in Jesu Namen (möglichst mit jemand anderem zusammen)!

....

....

....

....

7 Ein Überwinder sein

Anschluss an die Quelle

Die Bibel möchte uns dazu anleiten, wie wir zu Überwindern im Reich Gottes werden können. Dazu gehört ganz wesentlich der Anschluss an die Quelle des Heiligen Geistes und das Vertrauen, in ihr immer das Entscheidende zu finden.

Auch die Samariterin, der Jesus am Jakobsbrunnen begegnete, machte in diesem Sinne eine erste geistliche Erfahrung, als sie Jesus um das lebendige Wasser bat, von dem er ihr erzählt hatte: *Herr, gib mir solches Wasser, damit mich nicht dürstet und ich nicht herkommen muss, um zu schöpfen!* (Johannes 4,15).

Die Samariterin bat den Herrn also um ein Wasser, das ein für alle Mal den Durst löschen würde. Wahrscheinlich konnte sie sich in diesem Moment kaum vorstellen, wie das denn möglich sein könnte. Vielleicht wurde sie vom Heiligen Geist berührt und spürte mit einem Mal die lebendige Quelle des Heiligen Geistes.

Ein Mensch sehnt sich gegenüber Gott am ehesten nach einem Ort der Geborgenheit und des Vertrauens. Einen solchen Ort lernen wir schon sehr früh im Leben kennen, wenn wir bei liebevollen Eltern aufgewachsen sind, die uns das Gefühl von Wertschätzung und Annahme vermittelt haben und die auf Fehler und Versagen nicht mit Strafe und Ablehnung reagierten.

Im Psalm 18,2-4 freut sich der Beter darüber, einen Ort der Geborgenheit bei Gott gefunden zu haben:

> *Herzlich lieb habe ich dich, Herr, meine Stärke! Herr, mein Fels, meine Burg, mein Erretter; mein Gott, mein Hort, auf den ich traue, mein Schild und Berg meines*

Heiles und mein Schutz! Ich rufe an den Herrn, den Hochgelobten, so werde ich vor meinen Feinden errettet.

Das Feuer des Heiligen Geistes fängt dort an zu brennen, wo sich ein Mensch entscheidet, auf Gott zu vertrauen, und ihn als Schutz, als Zuflucht und als Burg für sein Leben erkennt. Auch wenn ich mich in meinem Herzen noch unsicher, unruhig oder leer fühle, kann ich in meinem Geist das Wesen der Herrlichkeit Gottes erkennen. Das ist so, als wenn ich plötzlich das Licht eines Leuchtturmes auf offener See erkenne und beginne, diesem Licht zu folgen und meinen Kurs nach ihm auszurichten.

Gehorsam wird geprüft

Wenn wir die Vaterliebe Gottes in unserem Leben erfahren wollen, sind womöglich zunächst innere Widerstände zu überwinden, wie zum Beispiel Misstrauen gegenüber der Führung Gottes. Vielleicht zieht mich mein Herz erst einmal in andere Richtungen und ich suche auf falschen Wegen meine Sehnsucht nach Liebe und Schutz zu stillen. Aber ich kann stets wieder den richtigen Kurs aufnehmen. Dann wird das Licht des Heiligen Geistes, das mir stets den Weg weisen möchte, auch mein Innerstes hell machen.

Ein großes Vorbild kann uns in dieser Hinsicht Abraham sein, dem Gott befahl, sein Land und seine Familie zu verlassen, um in das Land zu gehen, das er ihm zeigen würde; Gott verhieß ihm damals, ihn zu einem großen Volk zu machen, zu einem Segen für alle Völker der Erde (vgl. 1. Mose 12,1-3).

Daraufhin zog der 75-jährige Abraham mit seiner Frau Sara und seinem Neffen Lot in das Land Kanaan. Auch nachdem Abraham und Sara bereits der verheißene Sohn geboren worden war, prüfte Gott Abraham erneut und befahl ihm, Isaak als Brandopfer auf dem Berg Morija darzubringen (vgl. 1. Mose 22,1-2).

Im Gehorsam Gott gegenüber nahm Abraham Isaak mit auf den Berg, wo er einen Altar errichtete. Als er aber seine Hand ausstreckte, um seinen Sohn zu töten, verhinderte ein Engel das Opfer. Dieses Geschehen wurde in der jüdischen Theologie zum Urbild des absoluten Vertrauens auf Gottes Weisung und der völligen Opferbereitschaft.

Wir finden bei Abraham also eine Haltung des Dienens. Ebenso erkennen wir den Mut und die Entschlossenheit, das von Gott Gehörte in die Tat umzusetzen. Abraham war in seinem Herzen ein Überwinder, der sich in großer Glaubenskraft dem Willen Gottes überlassen konnte.

Gottes Führung vertrauen

Um uns vertrauensvoll dem Willen Gottes überlassen zu können, müssen wir lernen, unseren eigenen Willen zurückzustellen. Denn wenn wir still werden, um auf Gottes Stimme zu hören, kann es leicht passieren, dass sich uns zuerst unser eigener Wille aufdrängt. Er ist dann wie ein ungestümes, vorpreschendes Pferd, das sich nur ungern zügeln und zähmen lässt. Deshalb führt uns Gott immer wieder Wege, auf denen unser Wille auf Widerstände oder Hindernisse stößt. So wird unser Wille schließlich lernen, sich mehr zurückzuhalten und auch Acht zu haben auf die feinen Impulse des Wagenlenkers. Er wird im Gehorsam die größere Freiheit entdecken und sich im Nachhinein freuen über die Weisheit und Voraussicht, in der Gott alles geplant und bedacht hat.

Die Menschen, die sich relativ unbedacht auf neue Situationen einlassen, bringen oft ein kindliches Vertrauen mit, dass sich auch in schwierigen Situationen ein Ausweg finden lässt. Oft sind es gerade diese Personen, die dann Hilfe finden und sie auch annehmen können. Wenn wir in unserem Herzen mit diesem Vorschuss des Vertrauens in die unterschiedlichen Begegnungen und Situationen des Lebens gehen, öffnen wir uns gewissermaßen für den Strom des Lebens, den Gott für uns vorbereitet hat.

Alle ängstlichen Sicherheitsvorkehrungen, Kontrollen oder Überwachungen unsererseits behindern nur die Entfaltung des Lebens, die immer auch ein Wagnis und ein Versuch ist. Unsere Lebensentfaltung lässt sich nicht erzwingen, sondern sie geschieht gerade im vertrauensvollen Loslassen.

Ein Gebet, das wir wirklich von Herzen und mit Inbrunst sprechen, ist immer ein Gebet der vollkommenen Hingabe und des Vertrauens, in dem wir versuchen, jede Störung, jede Entzweiung und jeden Missklang zwischen uns und dem himmlischen Vater auszuräumen. Der Heilige Geist in uns ist der Wegbereiter dieser Einheit in unserer Beziehung zu Gott. Er arbeitet ohne Unterlass überführend, ermahnend und erbauend an uns, um uns vor das Angesicht des Herrn zu führen.

> *Der Heilige Geist in uns ist der Wegbereiter dieser Einheit in unserer Beziehung zu Gott.*

Aus diesem Grund läuten eigentlich immer die „Glocken" in unserem Herzen, die uns zur Anbetung rufen möchten. Hören wir sie im Lärm des Alltags und der Unruhe, die uns oft befällt? Lassen wir uns wecken, und sind wir alle Zeit wach für das, was Gott uns sagen und durch uns tun möchte?

Als meine Frau und ich einmal im Frühjahr in den Bergen wanderten, hörten wir in einem Tal Alphornbläser. Der Klang der Hörner ließ sich jeweils am gegenüberliegenden Hang als Echo vernehmen. Manchmal nehmen wir das Reden Gottes ebenfalls nur als ein leises Echo wahr. Aber eigentlich ist Gottes Stimme mächtiger als jedes kraftvolle menschliche Horn. Und wenn wir auch nur das Echo davon vernehmen, kann sie uns die gleiche Achtung und den gleichen Respekt einflößen, wie wenn wir sie unmittelbar im himmlischen Thronsaal hörten.

In dieser ehrfürchtigen Haltung können wir schließlich erleben, wie Gott für uns streitet. Als zum Beispiel die Israeliten glücklich dem ägyptischen Pharao entkommen waren und die feindliche Armee, die sie lange verfolgte, hinter ihnen im Schilfmeer umgekommen war, da sang Mose ein Loblied, ii dem er den Herrn lobte und ihm für seine Hilfe dankte. Nun konnte er erkennen, dass allein Gott das Volk befreit und er es aus der Gefangenschaft geführt hatte:

> *Herr, wer ist dir gleich unter den Göttern? Wer ist dir gleich, der so mächtig, heilig, schrecklich, löblich und wundertätig ist? Als du deine rechte Hand ausrecktest, verschlang sie die Erde. Du hast geleitet durch deine Barmherzigkeit dein Volk, das du erlöst hast, und hast sie geführt durch deine Stärke zu deiner heiligen Wohnung* (2. Mose 15,11-13).

Geistliche Übung

In diesem Kapitel war von dem Ort der Geborgenheit und des Vertrauens die Rede. Schließen Sie einmal die Augen und lassen Sie sich vom Herrn einen solchen Ort zeigen. Wohin führt er Sie, was zeigt er ihnen? Vielleicht zeigt er Ihnen zum Beispiel den Ort in seinen Armen.

Manchmal sind wir innerlich noch sehr unruhig und es fällt uns schwer, uns zu entspannen und zu öffnen. Aber versuchen Sie es immer wieder: „Herr, wie sieht der Ort aus, an dem mich deine Liebe zur Ruhe führt?" Falls Sie von diesem Ort einen Eindruck gewonnen haben, können Sie ihn vielleicht anschließend einmal als Bild zeichnen oder malen.

8 Formen des Gebets

Der gedeckte Tisch

Wenn wir Gott näher kommen wollen, um in seine Gegenwart einzutauchen, können wir dies mit einer Wanderung auf einen Berg vergleichen. Dieser Berg wäre dann, bildlich gesprochen, der Ort, auf dem es möglich ist, Jesus, dem Vater und dem Heiligen Geist zu begegnen. Stellen Sie sich also einen Wanderer vor, der diesen Berg hinaufgeht. Nach dem ersten Aufstieg hat er nun mit einem Mal eine wunderschöne Hochebene vor Augen, auf der eine Almhütte steht. Hier wird er eine Rast machen können, noch dazu mitten in der Sonne.

Als er näher kommt, sieht er vor der Hütte einen großen Tisch stehen, der sehr einladend wirkt. Mit einem kleinen Seufzer lässt sich der Wanderer an dem Tisch nieder und streckt alle Viere von sich. Dann genießt er die Aussicht und lässt sich von der Sonne bescheinen. Dabei schließt er ein wenig die Augen.

Mit einem Mal merkt er, dass jemand neben ihn getreten ist, der ihn wohl bedienen möchte. Der Wanderer blickt ein wenig zur Seite und ist ganz erstaunt und überrascht. Denn es ist Jesus selbst, der neben ihn getreten ist.

Der Wanderer muss an den 23. Psalm denken, wo es heißt: *Du deckst mir den Tisch im Angesicht meiner Feinde, du salbst mein Haupt mit Öl und schenkst mir voll ein* (vgl. Vers 5). Und richtig, als er aufblickt, sieht er nicht nur den Tisch, sondern in einiger Entfernung auch seine „Feinde" vor sich:

Das Gefühl der Einsamkeit, das ihn immer wieder beschleicht und ihm die Freude rauben will. Den Drang, es anderen recht zu machen und von ihrem Urteil abhängig zu sein. Und die innere Unruhe, die oft Verzweiflung auslöst und immer wieder auf einen Mangel im Leben hinweist.

Auch jetzt, an diesem Tisch, beschleichen den Wanderer mit einem Mal Ängste, obwohl zwischen ihm und den Feinden doch nun dieser Tisch steht. Und ist nicht Jesus neben ihm, und wartet dieser nicht nur darauf, dass er den Tisch decken darf? Wird er dem Wanderer nicht genau das geben, was dieser braucht, um seinen Feinden entschlossener zu begegnen und um sie vertreiben zu können?

Könnte es nicht sein, dass Jesus in dieser Begebenheit, die wir uns vorzustellen versuchen, mit einem Mal im Blick auf die Feinde des Wanderers sagt: „Du hast dir in der Vergangenheit viel Mühe gegeben, mir zu gefallen. Aber nichts gefällt mir besser, als wenn du einfach die Gaben, die ich dir geben möchte, annimmst und dich an ihnen erfreust.

Sieh einmal hier, ich stelle vor dich einen Krug mit Wasser. Er ist gefüllt mit dem lebendigen Wasser, das nicht versiegt. Ich schenke dir deinen Becher voll ein, dann wird die Kraft des Heiligen Geistes dich freisetzen und du wirst zu innerer Zufriedenheit und Ruhe gelangen. Du wirst lieben können wie ich liebe und dienen können wie ich diene. Dies soll dich nun ausfüllen; es ist ein Zeichen meiner Gegenwart."

Geistlich atmen

Um im Glauben wachsen zu können, ist deshalb eine empfangsbereite Haltung, das heißt die Offenheit, sich beschenken zu lassen, ein Schlüssel, den wir uns erobern sollten. Das wirkt sich in den verschiedenen Formen des Gebets aus. Nur wenn wir diesen Schlüssel – sich beschenken lassen – hüten und bewahren, werden sich auch im hörenden Gebet Türen vor uns öffnen, die sonst verschlossen bleiben.

Eine wichtige Tür, die sich für mich öffnen kann, ist das Sprachengebet, eine der Gaben des Heiligen Geistes. Das Sprachengebet ist wie ein innerer Fluss, der mich durchströmen möchte. Dieser Fluss verbindet mich mit der Quelle der Gegenwart des Herrn. Wenn ich mich ihm überlasse, eröffnet er mir neue Horizonte und Gottes Stimme in mir wird plötzlich klar und deutlich.

Das Sprachengebet befreit uns aus dem Gefängnis unserer eigenen Vorstellungen und Gedanken. Denken wir dabei an die Atmosphäre eines Gefangenenlagers: Die Insassen sind oft nicht nur von der Außenwelt abgeschnitten, sondern auch innerhalb des Gefängnisses sind die Kontakte zum größten Teil sehr eingeschränkt. Jeder Gefangene hätte also eigentlich relativ viel Zeit, sich auf sich selbst zu besinnen bzw. sich auf etwas Wesentliches auszurichten. Allerdings haben davon in der Geschichte nur die wenigsten Gefangenen wirklich Gebrauch gemacht.

Das Sprachengebet befreit uns aus dem Gefängnis unserer eigenen Vorstellungen und Gedanken.

Aber das Sprachengebet befreit uns aus den inneren Gefängnissen. Der Heilige Geist weiß, was um mich herum vor sich geht. Er weiß um Gefahren, die mir drohen, ebenso wie um die Verheißungen Gottes. Und so betet er im Pulsschlag der Liebe Gottes die Anliegen, die Jesus auch für mich beten würde.

Die Aufgabe, die uns bei diesem Gebet zufällt, ähnelt dem Atmen, dem wir uns ja auch oft ganz unbewusst überlassen; auch das Sprachengebet geschieht ohne Anstrengung. So können wir auch die Liebe Gottes im Sprachengebet regelrecht „einatmen" und sie anschließend gegenüber anderen Menschen wieder „ausatmen".

Jeder, der sich einmal im längeren Sprachengebet geübt hat, wird merken, dass es darin eigentlich keine Ermüdung gibt. Der Geist in uns drängt vielmehr vorwärts und möchte alles verwandeln: Unsere Wahrnehmung, unsere Gedanken, letztlich nicht nur uns, sondern unser ganzes Umfeld.

Häufig sind wir selbst es, die da streiken, die sich darauf nicht so ganz einlassen wollen. Aber üben Sie es einmal. Beten Sie jeden Tag eine längere Zeit, vielleicht eine Stunde, in Sprachen und Sie werden mit der Zeit merken, wie die Gegenwart Gottes mehr und mehr in Ihrem Alltag Einzug hält.

Das Sprachengebet ist die entscheidende Geistesgabe, die unserem persönlichen Gebet aufhilft. Sie ist ein Hilfsmotor, den wir viel zu selten anwerfen. Aber dann rudern wir in eigener Kraft und kommen nicht so weit wie durch diese von Gott eingerichtete Unterstützung.

Um den „Garten" unseres Gebetslebens angemessen pflegen und bearbeiten zu können, brauchen wir geeignete Werkzeuge. Das Sprachengebet können wir diesbezüglich mit einer Gießkanne vergleichen, mit der wir die Pflanzen bewässern können, damit sie wachsen und gedeihen. Unter der Leitung des Heiligen Geistes kann sich die Fürbitte dann ganz bestimmten Bereichen zuwenden, um den Schutz, den Segen oder die Führung Gottes in ihnen zu erbitten.

Das Wort proklamieren

Wenn wir während einer Gebetszeit in der Bibel lesen und hören, was Gott sagt, wird immer mehr zum Vorschein kommen, wo wir bisher anders gedacht, geredet bzw. geglaubt haben. Misstrauen, Angst, Unglaube können ans Licht kommen, wo wir es vielleicht nicht vermutet hätten.

Hier kommt es nun auf unsere Entscheidung an. Wann immer wir eine Diskrepanz zwischen uns und dem Wort Gottes wahrnehmen, geht es darum, sich voller Freude unter sein Wort zu demütigen. Wir können uns regelrecht auf sein Wort werfen, es umfassen und die Übereinstimmung mit ihm suchen.

Eine Hilfe dazu ist die laute Proklamation des Wortes Gottes über meiner Lebenssituation, über anderen Menschen oder bestimmten Umständen. Es ist wichtig, dass wir beginnen das Gleiche auszusprechen wie Gott.

Es ist ein Vorrecht für uns Christen, dass wir Gottes Wort in den Mund nehmen und so seine Kraft freisetzen und erleben dürfen. Es geht also darum, mit Gottes Sicht übereinzustimmen. Das griechische Wort für bekennen ist *homologeo* (= das Gleiche sprechen wie Gott).

Wenn wir das Bild des Gartens wieder aufgreifen, so können wir durch unseren Lebensgarten gehen und über allem, was dort wächst und gedeiht, Gottes Wahrheit aussprechen. Das kann auch bedeuten, dass wir Neues ins Leben rufen bzw. Ungesundem ein weiteres Wuchern absprechen. So wie Jesus den unfruchtbaren Feigenbaum verfluchte, worauf dieser sofort verdorrte.

Wenn wir das Wort Gottes in dieser Weise im Mund führen, es proklamieren und laut aussprechen, dann entscheiden wir uns, es über unsere Gedanken und Gefühle zu stellen und auf diese Weise befreit zu werden. Wir beginnen dann, dem Wort mehr zu vertrauen als unserer eigenen inneren Stimme. So können wir uns mit allem, was uns ausmacht, dem Wort Gottes überlassen und uns einfach hineinfallen lassen.

Das Gedeihen und Wachsen in einem Garten können wir nicht unmittelbar beeinflussen, aber wir können Hindernisse und Blockaden beiseite räumen. Das größte Hindernis für Wachstumsprozesse ist oft der Mangel an Mut, entschlossen eine schädliche Wurzel freizulegen und sie herauszuziehen.

Oft schenkt Gott ein Wort der Erkenntnis, wenn er eine sündhafte Haltung, ein verborgenes Motiv oder auch eine Verwundbarkeit aufdecken möchte. Das ist dann wie ein Alarmsignal, das uns wachrütteln möchte. Meist ist nun ein ganz konkreter Schritt dran. Was gilt es zu bekennen, wovon sollte ich mich lösen? Welche Belastung schwächt vielleicht schon seit Generationen meine Familie?

Bei einem solchen Schritt, sich von etwas Schädlichem zu lösen, ist uns die gleiche Vollmacht zugesagt, die Jesus schon Petrus übergab: *Ich will dir die Schlüssel des Himmelreichs geben: Alles, was du auf Erden binden wirst, soll auch im Himmel gebunden sein, und alles, was du auf Erden lösen wirst, soll auch im Himmel gelöst sein* (Matthäus 16,19).

Im Namen Jesu dürfen wir Krankheiten und bösen Geistern gebieten, wir können Flüche brechen und Gebundene freisetzen. Die Jüngerschaft ist in dieser Hinsicht wie ein Amt, das uns verliehen wurde. Machen wir von seiner Vollmacht Gebrauch?

Geistliche Übung

In Psalm 23,5 heißt es: *Du bereitest vor mir einen Tisch im Angesicht meiner Feinde. Du salbst mein Haupt mit Öl und schenkst mir voll ein.*

- Stellen Sie sich nun mit geschlossenen Augen einen Tisch vor, an dem Sie Platz nehmen. Nun tritt Jesus neben Sie und deckt Ihnen den Tisch. Was stellt er vor Sie hin? Können Sie es von ihm annehmen? Hilft es Ihnen, das, was Ihr Leben bedroht, gelassener zu sehen?

....

....

....

....

- Wenn Sie so an diesem Tisch sitzen, können Sie auch Jesus fragen und ihn konkret um etwas bitten. Immer wieder können Sie an diesen Platz zurückkehren. Jesus möchte Ihnen dienen; er weiß genau, was Sie brauchen. Und immer steht der Tisch schützend zwischen Ihnen und Ihren Feinden. Diese müssen zurückweichen, je mehr die Gaben des Herrn Sie stärken.

9 Ein Kind Gottes sein

Gemeinschaft mit Jesus

Bei einem Eisberg, der im Meer schwimmt, befindet sich der größte Teil unter Wasser. Solch ein Eisberg kann für uns zu einem Bild dafür werden, wie wir in der Gegenwart Jesu leben können. Denn genau so, wie der Eisberg im Wasser liegt und schwimmt, möchte Jesus, dass wir in seine Gegenwart „eintauchen", d. h. tief in ihm gegründet sind.

Das Wasser, in dem solch ein Berg treibt, können wir dann mit dem Heiligen Geist vergleichen. Wie gesagt, befindet sich der größte Teil eines Eisberges unter Wasser. Ähnlich liegt auch in unserer Gemeinschaft mit Gott der wichtigste Bereich im Verborgenen. Wenn wir hier in der Tiefe mit ihm verbunden sind, dann geht es nicht mehr darum, dass wir unseren Dienst herausstellen oder unsere Person hervorheben, sondern um die innige und alleinige Gemeinschaft mit Jesus, dem Vater und dem Heiligen Geist. Daraus erwächst Demut, und Gott selbst trägt und hält uns und bringt etwas Wunderbares durch uns hervor.

Genau wie ein Eisberg unter Wasser eine große Schärfe besitzt, so möchte die intime Gemeinschaft mit Jesus auch Klarheit und Eindeutigkeit in uns hervorbringen (vgl. Hebräer 4,12-13, Offenbarung 1,16). Es ist die Kraft des Heiligen Geistes, die sich mit dem Wort verbindet und so zu einer durchdringenden Schärfe führt, dass z. B. menschlicher Stolz getroffen wird.

Auch David hat es erfahren, von der Gegenwart Gottes ganz umgeben zu sein. Er betete in Psalm 34,4-9:

Preiset mit mir den Herrn und lasst uns miteinander seinen Namen erhöhen! Als ich den Herrn suchte, antwortete er mir und errettete mich aus aller meiner Furcht.

Die auf ihn sehen, werden strahlen vor Freude, und ihr Angesicht soll nicht schamrot werden. Als einer im Elend rief, hörte der Herr und half ihm aus allen seinen Nöten. Der Engel des Herrn lagert sich um die her, die ihn fürchten, und hilft ihnen heraus. Schmecket und sehet, wie freundlich der Herr ist. Wohl dem, der auf ihn trauet!

David macht hier die Erfahrung, dass die Anbetung Gottes und die Erhöhung seines Namens seine Hilfe freisetzt. Gott antwortet ganz konkret; er macht sich das Problem zu Eigen und übernimmt die Führung. Dort, wo wir ihn ehren, wird es zur Chefsache, dass er uns von Furcht und sonstigen Sorgen befreien will. Gleichzeitig dürfen wir in die Gegenwart Gottes eintauchen: Engel lagern sich um die, die Gott fürchten. Nun spüren wir auch mit unseren Sinnen seine Zuwendung; wir schmecken seine Güte.

Ein Kind Gottes darf sich also von Gott und seinen Engeln dienen lassen. Es darf in der Gegenwart des Herrn eingehüllt sein wie in einer wärmenden, schützenden Decke. Es hört nicht die geheimnisvollen Worte eines fremden Gottes, sondern bewegt sich in seiner Nähe, entfaltet sich und freut sich in ihm.

Wichtige Stationen

Auf der Wanderschaft unseres Lebens erreichen wir immer wieder bestimmte Stationen, an denen uns Jesus schon erwartet. Manchmal sind es erst krisenhafte Entwicklungen, die uns bereit machen, eine Begegnung mit Jesus auf einer tiefen und umfassenderen Ebene zu suchen.

Wenn ich z.B. gelernt habe, mich hinter einem anderen Menschen zu verstecken, der mir viel an Verantwortung abnimmt und dem ich mich sehr anpasse, dann wird zwischen mir und Jesus immer diese Person stehen, der ich viel zu viele Bereiche in meinem Leben abgetreten habe, die Jesus eigentlich mit mir zusammen gestalten möchte.

Wie kann ich nun dieses Gebiet zurückerobern und in guter Weise lernen, Einfluss zu nehmen? Sicher möchte mir Jesus das auf einer der Stationen beibringen. Aber meist geht es nicht anders, als dass ich meine Knie vor ihm beuge und sage: „Jesus, du sollst der Herr und Meister in all meinen Lebensbereichen sein. Dir will ich vertrauen, dir folgen, dir gehorchen."

Ferner geht es darum, dass wir echt werden. Stellen Sie sich vor, Sie trügen einen Mantel, der vorne eine andere Farbe hätte als auf der Rückseite. Das wäre doch höchst merkwürdig. Die Leute, denen Sie begegneten, würden sicher stutzig werden, stehen bleiben und sich fragen, was das soll.

Genauso ist es aber oft in unserem geistlichen Leben. Wir treten Gott gegenüber mit unserer Lieblingsfarbe auf und sind oft selbst davon überzeugt, er schaue nur auf sie, und alle anderen Schattierungen seien nur auf schwierige Menschen und Umstände zurückzuführen. Dabei vergessen wir immer mehr die ungeliebte Farbe auf der Rückseite unseres Herzens, die oft all das Unausgesprochene, Bittere und Rebellische in uns zum Ausdruck bringt.

Das übernatürliche Wirken Gottes kann sich gerade dort entfalten, wo ein Mensch zu einer Kongruenz zwischen innen und außen gelangt ist, wo er authentisch geworden ist.

Der Heilige Geist wird sich mit dieser Situation nicht einfach abfinden. Er wird nicht eher locker lassen, bis aus der verleugneten Farbe zusammen mit unserer Lieblingsfarbe eine neue, einheitliche Farbe geworden ist. Denn es soll in unserem Beziehungsverhalten eine vollkommene Einheit geben zwischen innen und außen und ebenso auch zwischen den Beziehungen zu anderen Menschen und der zu Gott.

Das übernatürliche Wirken Gottes kann sich gerade dort entfalten, wo ein Mensch zu einer Kongruenz zwischen innen und außen gelangt ist, wo er authentisch geworden ist. Das heißt nämlich nichts anderes, als dass jemand sagt, was er meint, und dass er mit seinem Herzen ganz bei der Sache ist.

Wer sich dagegen selbst in vielem verleugnet, der bestraft sich quasi selbst. Ständig muss er unliebsame Gefühle oder unerwünschte Gedanken kontrollieren. Und da das nicht gelingt, hat er ständig ein schlechtes Gewissen. Derjenige aber, der sich selbst angenommen hat, der kann all das Gute, das der Vater im Himmel für ihn vorbereitet hat, dankbar annehmen und an andere weitergeben.

Den Absprung wagen

Die größte Liebestat eines Menschen kann niemals das auslösen oder bewirken, was eine vom Heiligen Geist erfüllte Person hervorbringen kann. Die Möglichkeiten Gottes sprengen in jeder Hinsicht unseren natürlichen Rahmen.

Das Vertrauen, das wir Jesus entgegenbringen dürfen, soll tiefe Wurzeln in uns schlagen. Aus etwas Aufgesetztem kann niemals Frucht für das Reich Gottes erwachsen. Nur wenn wir uns wirklich in der Gegenwart Gottes „eingegraben" haben und uns in ihr stärken und ernähren, gelangen wir in die Fülle, die Jesus uns verheißen hat.

> *Die größte Liebestat eines Menschen kann niemals das auslösen oder bewirken, was eine vom Heiligen Geist erfüllte Person hervorbringen kann.*

Wir erhalten eine ganz neue Leichtigkeit, wenn wir Vertrauen wagen. Es ist wie bei einem Schmetterling. Nachdem er im Kokon seine Verwandlung erlebt hat, muss er sich als Erstes aus dieser engen Umhüllung befreien. Es ist ein Kampf auf Leben und Tod, bei dem die Flügel immer kräftiger und stärker werden, bis endlich ein Ausgang aufgebrochen ist und der Schmetterling herausklettern kann. Was muss das für ein

Gefühl sein, das erste Mal die Flügel im Sonnenlicht zu entfalten, den Absprung zu wagen und sich dem Wind zu überlassen?

Der Schmetterling wechselt dabei vom Kampf um seine Freiheit in eine Zeit beschwingter Leichtigkeit und Farbenpracht. Er darf sich die Blüten aussuchen, die ihn am meisten verlocken, und von ihrem Nektar kosten.

Diese Verwandlung geschieht auch mit uns, wenn wir im Glauben lernen, unsere Selbstbezogenheit zu überwinden, und beginnen, als Gottes Kinder im Vertrauen zu leben.

> *Denn welche der Geist Gottes treibt, die sind Gottes Kinder. Denn ihr habt nicht einen knechtischen Geist empfangen, dass ihr euch abermals fürchten müsstet; sondern ihr habt einen kindlichen Geist empfangen, durch den wir rufen: Abba, lieber Vater!* (Römer 8,14+15).

Die Leitung des Heiligen Geistes ist nicht nur im persönlichen Bereich, sondern genauso für eine ganze Gemeinde wichtig. In einer Gemeinde ist es oft so, dass viel geplant und entschieden werden muss. Wenn jeder, der Verantwortung übernommen hat, dies unter der Leitung des Heiligen Geistes tut, dann beginnt das Salböl des Geistes durch die Gemeinschaft zu fließen. Und der Geist selbst ist es, der für Anziehungskraft und Ausstrahlung nach außen sorgt. Die entscheidende Frage ist, ob wir im Glauben Räume für den Heiligen Geist öffnen, in denen er uns leiten darf.

So kann er uns z. B. in der Jugendarbeit zeigen, was dran ist. Er kann uns die richtigen Worte in den Mund legen oder uns jemanden zeigen, der unsere Aufmerksamkeit braucht. Als christlicher Therapeut und Seelsorger arbeite ich viel mit Gruppen und erlebe immer wieder, wie der Herr die Atmosphäre in den Gruppen beeinflusst und sie mit seiner Gegenwart erfüllt. Oft sind es auch ganz schlichte Hinweise Gottes, die einen Durchbruch herbeiführen können. Als es vor kurzem in einem Gruppengespräch nicht so recht weitergehen wollte, sagte der Heilige Geist zu mir:

„Lass sie sich jetzt zu zweit zusammentun! Dann soll einer die Rolle von Jesus übernehmen. Und der andere darf einfach einmal sein Herz ausschütten. Jeden Zweifel, jede innere Anklage und jede Sorge sollen sie aussprechen. Und sie können dann in meiner Gegenwart mir und jedem Menschen vergeben, d. h. jeden aus der Anklage entlassen. Dann kann derjenige, der die Rolle von Jesus übernimmt, dem anderen einen Zuspruch erteilen."

Ich teilte der Gruppe einfach diesen Impuls mit und war überrascht, wie sich alle spontan darauf einließen. Als wir dann nach einer halben Stunde wieder zusammenkamen, flossen die Tränen, und viele berichteten, wie sie wirklich Jesus durch diese Übung ganz persönlich begegnet waren. Er hatte es vorbereitet.

Geistliche Übung

In diesem Kapitel hieß es, wir dürften in der Gegenwart des Herrn eingehüllt sein wie in einer wärmenden, schützenden Decke. Wir dürfen Gottes Wort nicht nur hören, sondern uns in ihm bewegen, entfalten und uns freuen.

- Nehmen Sie sich – sofern möglich – einmal eine Decke zur Hand und legen Sie sie um sich. Sprechen Sie dann in einem Gebet dem Heiligen Geist gegenüber die Erwartung aus, dass er Sie mit seiner Liebe nach Geist, Seele und Leib so einhüllt wie diese Decke. Seien Sie erwartungsvoll; der Heilige Geist möchte Sie berühren – gerade dort, wo Sie vielleicht verletzt sind oder sich verschlossen haben.

10 Auf ungewohnten Wegen

Eine große Herde

Vor einiger Zeit hatte ich einmal einen Traum. Ich glaube, dass Jesus mir dadurch etwas zeigen wollte. In diesem Traum fuhr ich mit einer Eisenbahn über Hügel und durch Täler. Es ging hoch hinauf und dann wieder steil hinunter; man musste sich regelrecht festhalten. Die Strecke war nicht begradigt, es gab keine Tunnel und auch keine Brücken. Der Zug fuhr einfach über die Landschaft hinweg wie sie war.

Im Traum fiel mir noch auf, dass der Mond am Himmel stand. Er spendete ausreichend Licht, so dass man die Landschaft betrachten konnte, auch wenn sie nur aschfahl beleuchtet war.

Mit einem Mal verlangsamte der Zug sein Tempo; er bremste scharf ab, als sei plötzlich ein Hindernis aufgetaucht. Und dann stand er still auf dem Gleis.

Ein Schaffner gab bekannt, Schafe hätten die Gleise überquert und würden nun mitten auf den Gleisen lagern, eine große Herde, so weit das Auge reichen würde. Wenn es der Zug nicht geschafft hätte zu bremsen, so hätte ihn doch diese gewaltige Herde gestoppt.

Nun stiegen alle Fahrgäste aus, und auch ich sprang heraus und lief mit einigen Leuten zur Spitze des Zuges. Im Mondschein lag nun dort eine gewaltige Herde von Schafen – ganz friedlich und ruhig. Sie schienen keinen Hirten zu haben, und dennoch schauten sie erwartungs- und vertrauensvoll zu den aussteigenden Fahrgästen hin.

Dann begannen wir Fahrgäste uns um die Schafe zu kümmern, jeder um einen Teil von ihnen; es ging genau auf. Wir begrüßten die Schafe, und sie beschnupperten uns freudig. Und dann ging die Sonne auf in einem warmen, schönen Licht.

Als ich Jesus fragte, was dieser Traum zu bedeuten habe, war mir, als sagte er zu mir: „In der Endzeit werde ich noch einmal eine gewaltige Herde zusammenführen. Viele werden mich in den Nationen als Retter und Erlöser kennen lernen und mir ihr Leben geben.

Für diese Herde bereite ich Hirten vor, die Höhen und Tiefen, Berge und Täler erlebt haben, die nicht den einfachen Weg gewählt haben. Sie haben sich nach dem hellen Licht der Erweckung gesehnt und sie sollen die Erweckung erleben und in ihre Berufung kommen.

Die Liebe, die ein Hirte im Reich Gottes für die ihm anvertrauten Leute gewonnen hat, wird ein Schlüssel sein für all das Herrliche, das ich in den letzten Tagen offenbaren werde.

Die Liebe, die ein Hirte im Reich Gottes für die ihm anvertrauten Leute gewonnen hat, wird ein Schlüssel sein für all das Herrliche, das ich in den letzten Tagen offenbaren werde.

Durch die Geistesgaben wie z. B. die Gabe der Prophetie, der Heilung und der Lehre möchte ich meine Gemeinde stärken, trösten und ermutigen, aber die Liebe zueinander wird sie besonders auszeichnen.

Wenn ich gesagt habe, dass meine Schafe meine Stimme hören, dann bedeutet dies, dass mein Reden vor allem durch geheilte und versöhnte Beziehungen fließt. Wer vertrauen kann, der wird auch nah bei mir sein."

Die neue Saat

Wenn Jesus hier von Höhen und Tiefen spricht, die uns zur geistlichen Reife bringen, so können wir auch an das Volk Israel denken. Der Weg ins verheißene Land mitten durch die Wüste war für die Israeliten eine ständige Herausforderung, bei der es darum ging, sich der Führung und Versorgung Gottes anzuvertrauen. In der Rauchsäule bei Tag und in der Feuersäule bei Nacht war ihnen die Gegenwart Gottes immer vor Augen.

Auch wir können heute durch unsere Anbetung und in der Fürbitte unsere Hingabe gegenüber Gott zum Ausdruck bringen und dabei erwarten, dass sich der Himmel auftut und wir Gottes Reden vernehmen. Ob wir es aber darüber hinaus lernen können, die gleiche Zeit, die wir Gott anbeten, auch in einfacher Stille im Hören zu verbringen?

Machen wir uns bewusst, dass das, was in diese Stille hineinfließt, der größte Schatz ist, den Gott uns anvertraut? Sind wir dann mit allen Fasern unseres Seins auf Empfangen eingestellt? Und erwarten wir, dass sich das in der Stille Empfangene konkretisieren, vermehren und reichlich Frucht bringen wird?

Es gibt dafür einen Vergleich aus der Landwirtschaft. Wenn ein Bauer im Frühjahr seinen Acker umpflügt und die Verkrustungen des Winters gelockert werden, dann ist es möglich, neu auszusäen in der Hoffnung auf eine spätere ertragreiche Ernte. Wenn der Bauer die harte Krume des Bodens nicht aufbrechen, sondern einfach die Saat darauf streuen würde, so würde nichts aufgehen und gedeihen, es wäre umsonst.

Wenn wir deshalb in der Stille die gute Saat Gottes empfangen wollen und uns wünschen, dass daraus reichlich Frucht erwächst, so dürfen wir uns auch nicht scheuen, den Herrn um sein „Auflockern“ zu bitten: Dass er den verhärteten Boden unseres Herzens aufdeckt, umpflügt und lockert, auch wenn das einen schmerzhaften Prozess bedeutet.

Die Sünden, die in einem engen Zusammenhang mit den Verhärtungen unseres Herzens stehen, werden nur dem zum Verhängnis, der sich nicht mit allem, was er empfindet, denkt und will, in die Hand Gottes gibt und sich dem überlässt, was Gott neu in ihm schaffen und hervorbringen möchte.

Wenn Gott Wunder schenkt, dann steht das oft mit einem solchen offenen Herzen in Verbindung. Es ist der Boden, auf dem Gott übernatürlich wirken kann.

Das ist wie bei einem Lied. Irgendwann höre ich es das erste Mal und nehme es in mich auf. Und dann fällt es mir erneut ein. Ich summe es vor mich hin. Es lebt in mir und baut mich auf. Genau so begegnet mir Gottes übernatürliches Wirken in meinem Herzen und im Dienst für andere Menschen, zu dem auch das Hören auf seine Stimme gehört. Der Heilige Geist trägt es an mich heran, und irgendwann fällt es auf den vorbereiteten Boden, wurzelt sich ein und fängt an in mir zu leben – wie ein Lied, das ich immer wieder singen kann.

Im Namen Jesu

Wir können Menschen in ihren Verhärtungen und in ihrer Verlorenheit dann in besonderer Weise dienen, wenn wir nicht mehr aus eigener Kraft handeln, sondern uns auf den Namen Jesus berufen. Die Kraft, die im Namen Jesus liegt, wird in der Heilungsgeschichte in Apostelgeschichte 4,7-10 deutlich:

Nachdem Petrus den Gelähmten vor dem Tempel geheilt hatte, fragten ihn die Ältesten und Hohenpriester:

> *Aus welcher Kraft oder in welchem Namen habt ihr das getan? Petrus, voll des Heiligen Geistes, sprach zu ihnen: Ihr Oberen des Volkes und ihr Ältesten! Wenn wir heute verhört werden wegen dieser Wohltat an dem kranken Menschen, durch wen er gesund geworden ist, so sei euch und dem ganzen Volk Israel kundgetan: Im Namen Jesu Christi von Nazareth, den ihr gekreuzigt habt, den Gott von den Toten auferweckt hat; durch ihn steht dieser hier gesund vor euch.*

Im Namen Jesus, den Petrus hier nennt, wurzelt eine Kraft, die auch den härtesten Boden menschlicher Verlassenheit auflockern und einen Durchbruch in der Not herbeiführen kann.

Diese Kraft fürchten diejenigen, die ihr Herz selbst verhärtet haben, am meisten, denn sie scheuen den Blick in den eigenen Spiegel und suchen mehr die eigene Ehre als das Wohl anderer.

Wollen wir geistlich wachsen, ist es deshalb entscheidend, dass wir einen Gehorsam erlernen, der loslassen kann und auf die feinen Regungen, Impulse und Hinweise des Heiligen Geistes eingeht. Wenn wir in dieser Folgsamkeit den Namen Jesus aussprechen, handelt Gott durch uns; er setzt dann Gefangene frei, rettet und heilt sie.

Der Vater kommt uns entgegen

In Großstädten ist es für die Bewohner oft nicht möglich, einfach einen Weg in die freie Natur einzuschlagen. Wenn man in einer dicht besiedelten Innenstadtstraße lebt, muss man erst einmal mit dem Auto oder der Bahn an den Stadtrand fahren, um ins Grüne zu gelangen. Der Unterschied zwischen der alltäglichen Umgebung und einem besonderen Freizeiterleben am Wochenende ist deshalb relativ groß.

Wenn wir vor Gott still werden, wünschen wir uns vielleicht in ähnlicher Weise, wir könnten mit einem Mal alles Grau unserer gewohnten Umgebung hinter uns lassen und wie in einer schönen, unberührten Natur ganz gelöst Gott begegnen.

Doch je ehrlicher wir unserer Situation nachspüren, umso mehr müssen wir feststellen, dass alle Blockaden, tristen Vorstellungen, Widerstände und Begierden auch mit in unsere Beziehung zu Gott hineinspielen, dass wir sie quasi mitnehmen und nicht einfach hinter uns lassen können. So können wir die Begegnung mit Gott viel weniger exklusiv gestalten, als wir uns dies oft wünschen. Wie sollten wir auch mit einem Mal aus der Haut unserer Gefühle und Empfindungen herausschlüpfen können? Warum sollten nicht unsere bisherigen Erfahrungen in Beziehungen uns auch Gott gegenüber zu ganz bestimmten Erwartungen und Reaktionen veranlassen?

Eines aber können wir in der Gegenwart Gottes leidenschaftlich ersehnen und im Gebet erwarten, dass uns nämlich der Heilige Geist den ersten Schritt entgegenkommt. Wenn wir uns auf dieses Prinzip einlassen und immer wieder genau spüren und wahrnehmen, was Gott in diesem ersten Schritt zu uns sagt, wo er uns herausfordert oder ermutigt, dann wird sich in unserem Herzen zunehmend ein Vaterbild verankern, ja fest eingravieren, das mögliche negative Erfahrungen, die wir mit Autorität gemacht haben, überdeckt. Wir werden uns mehr und mehr geliebt fühlen und auch andere von ganzem Herzen lieben können. Und die bisherigen Denk- und Verhaltensmuster, Liebe zu bekommen, werden zunehmend ihre Bedeutung verlieren.

Geistliche Übung

- Jesus möchte eine große Herde zusammenführen. In allen Ländern sollen viele Menschen ihn als Retter und Erlöser kennen lernen und ihm ihr Leben geben. Lassen Sie sich einmal in der Stille einen oder mehrere Menschen zeigen, für die Sie im Gebet eintreten können. Beten Sie dann für diese Menschen, dass sie zur Erkenntnis der Wahrheit gelangen und Jesus der Herr ihres Lebens wird.

11 Die Gabe der Prophetie

Der geistliche Kampf

Gottes Liebe möchte unter uns ein Feuer anzünden, und um dieses Feuer dürfen wir uns wie Fackelträger scharen, die in der Kraft des Heiligen Geistes anderen Menschen dienen. Auf diese Weise werden die Kraft und der Segen, der von diesen Orten ausgeht, sehr anziehend sein.

In unserer Gesellschaft scheint das Leben für viele Menschen ruheloser zu werden. Viele machen sich größere Sorgen und sind darauf bedacht, für sich das Nötigste zu organisieren. Wir sehen, wie die Aufgaben der Regierungen und Parlamente immer komplexer werden und der Unmut gegenüber der Politik zunimmt. Auch das stabile System unseres Kontinents scheint in Frage gestellt und mehr und mehr verunsichert zu sein.

Heute müssen wir uns darauf einstellen, dass auf unsere Gesellschaft eine Zeit neuer Herausforderungen und in geistlicher Sicht eine Zeit der Anfechtung und der Versuchung zukommt. Der Herr wird in den Nationen immer mehr die Spreu vom Weizen trennen, und auch in Europa werden sich die Geister mehr und mehr scheiden. Mächte und Gewalten werden sich gegenüber Gottes Wirken erheben.

Sind wir vorbereitet?

Wenn aber Licht und Finsternis deutlicher hervortreten, sind wir immer mehr auf die Gaben des Heiligen Geistes angewiesen. Sie werden zum unerlässlichen Werkzeug, mit dem der Feind Gottes in die Schranken gewiesen wird. Nur wer in den Gaben des Geistes dient, kann den Feind binden.

Allein die Vollmacht und die Autorität, die der Geist wirkt, kann in den kommenden geistlichen Auseinandersetzungen zum Überwinden führen. Und nur die Einheit der geistlich Verantwortlichen wird dazu führen, dass die Tore des Feindes besetzt werden.

Die Vollmacht, die wir vom Herrn empfangen dürfen, kommt auch in Lukas 5,24-26 zum Ausdruck:

> *Damit ihr aber wisst, dass der Menschensohn Vollmacht hat, auf Erden Sünden zu vergeben – sprach er zu dem Gelähmten: Ich sage dir, steh auf, nimm dein Bett und geh heim! Und sogleich stand er auf vor ihren Augen und nahm das Bett, auf dem er gelegen hatte, und ging heim und pries Gott. Und sie entsetzten sich alle und priesen Gott und wurden von Furcht erfüllt und sprachen: Wir haben heute seltsame Dinge gesehen* (Lukas 5,24 –26).

Im Gebet können wir heute ganz besonders durch die identifizierende Buße und auch durch stellvertretenden Glauben unseren Einfluss geltend machen. Das heißt, wir dürfen immer wieder Gott für die vielen Sünden, die aus der Gottlosigkeit unserer Gesellschaft geboren werden, um Vergebung bitten und für dieses Unrecht vor ihm eintreten. Und wir werden ermutigt, wie Abraham vor den Herrn zu treten und vor ihm darum zu ringen, dass unser Volk nicht verloren geht.

Denn Jesus möchte der christlichen Gemeinde immer wieder neues Leben einhauchen und zu ihr ganz Ähnliches sagen wie zu dem Gelähmten: „Ich sage dir, steh auf, nimm dein Bett und geh heim!"

Köstliche Wohltaten

Die Geistesgaben können wir auch mit liebevollen Wohltaten vergleichen, die wir gelegentlich bekommen und die wir genießen dürfen. Sicher kennen Sie die Situation, dass man eingeladen ist und alles wunderbar vorbereitet ist. Eine Kerze brennt auf dem Tisch, ein lecker zubereitetes

Gericht duftet einem entgegen und alles wirkt feierlich und nett dekoriert. Der Gastgeber hat sich auf den Besuch eingestellt, er nimmt sich Zeit. Man spürt ganz deutlich, dass er an einem interessiert ist, er hört aufmerksam zu.

Mit einem Mal steht der Gastgeber dann vielleicht auf, geht an einen Schrank und kommt mit einem Fotoalbum zurück. Dann zeigt er Bilder von der Familie oder vom letzten Urlaub. Und er kann interessant erzählen. Jeder ist gefesselt und fühlt sich wohl.

In dieser Atmosphäre hat man das Gefühl, auftauen zu können. Es wird richtig lebendig. Jeder fängt an zu berichten. Von Sorgen und Nöten, aber auch von dem, was erfreulich ist. Und die Zeit vergeht wie im Flug. Die Kerze auf dem Tisch ist schon fast ganz heruntergebrannt, als die Gäste sich schließlich nach Hause auf den Weg machen. Aber sie sind voller Dankbarkeit in ihrem Herzen und fühlen sich beschenkt.

Auf dem Nachhauseweg denkt vielleicht der eine oder andere: Was war es denn nur, dass ich mich heute so öffnen und anvertrauen konnte? Warum war denn die Atmosphäre heute so, dass ich aus mir herausgehen konnte? Das ist doch sonst oft nicht so?

Am nächsten Tag ereignet sich vielleicht eine ganz andere Situation: Beim Einkaufen treffen Sie auf einen alten Bekannten. Er lädt Sie ein, noch auf einen Kaffee mit hinaufzukommen. Dann sitzen Sie bei ihm im Wohnzimmer, während die Kaffeemaschine ihr röchelndes Geräusch von sich gibt. Verstohlen werfen Sie einen Blick auf die Heizung, weil es Sie in der unterkühlten Wohnung schon von der ersten Minute an fröstelt. Schließlich kommt Ihr Bekannter und gießt Ihnen einen etwas dünn geratenen Kaffee ein. Und anschließend erzählt er einige für ihn witzige Geschichten. Sie versuchen höflich darüber zu lachen. Innerlich aber denken Sie: „Ich muss hier schnell weg! Hier fühle ich mich nicht wohl!“

An diesem Beispiel können wir sehen, wie der eine die Gabe der Gastfreundschaft hat und der andere sich damit schwer tut. Und es kann auch anschaulich machen, dass die Gaben, die Gott uns geben möchte, die Geistesgaben, immer für jemand anderen zu einem Geschenk werden wollen.

Wir sagen zwar auch im Alltag: „Das kann der aber gut", oder: „Das hat mir gut getan." Aber bei den Geistesgaben empfindet der, dem gedient wird, dies immer als Geschenk. Und der Beschenkte spürt auch, dass es jetzt eigentlich nicht der andere Mensch ist, der ihn beschenkt hat – sondern dass es Gott selbst ist.

Das heißt, letztlich handelt Gott durch die Geistesgaben! Es ist der Heilige Geist, der sie verleiht und der uns gebrauchen möchte, anderen damit zu dienen und sie mit den Wohltaten Gottes, mit seiner Kraft und seinen Geschenken in Berührung zu bringen.

Auch Jesus betont immer wieder die Selbstlosigkeit seines Dienstes. Im Johannes-Evangelium sagt er diesbezüglich einmal von sich: *Ich aber nehme nicht Zeugnis von einem Menschen; sondern ich sage das, damit ihr selig werdet* (Johannes 5,34).

Das ist der Unterschied zwischen einer einfachen Begabung, mit der ich quasi Zeugnis gebe von meinem Können und meinen Fähigkeiten, und den Geistesgaben. Durch Letztere gebe ich im Glauben ein Zeugnis von dem, der in mir lebt – Jesus. Und andere werden „selig", wie es hier heißt. Das heißt, ihnen wird gedient, und sie erfahren, wie Gott ihnen darin begegnet.

Deshalb kommt es darauf an, dass wir durch die Liebe, die wir Jesus entgegenbringen, ihm immer ähnlicher werden, so dass der Strom des Heiligen Geistes leicht und eindeutig durch uns fließen kann. Die Geistesgaben kommen dann aus der Quelle der Gegenwart unseres Herrn hervor. Und allein aus dieser Quelle zu schöpfen heißt, wirklich zu vertrauen und zu glauben.

Prophetisch mündig werden

Wenn ich spazieren gehe, bete ich oft eine ganze Zeit lang in Sprachen. Dieser Strom des Gebetes bringt mich oft der Gegenwart Gottes näher. Ich spüre, wie der Heilige Geist in mir anbetet, wie er aber auch wichtige persönliche Anliegen vor dem Herrn zum Ausdruck bringt. Das Sprachengebet ist dann auch oft der Wegbereiter für das prophetische Hören und Reden. Wenn ich länger in Sprachen gebetet habe, beginnt Jesus oft, mir zu anstehenden Fragen etwas zu sagen oder mir Ausrichtung zu geben.

Auch wenn ich in der Seelsorge für jemanden bete oder eine Person segne, kann ich zunächst in Sprachen beten. Das Erste, was ich dann daraufhin mit meinen eigenen Worten sage, ist oft prophetisch und spricht der oder dem anderen direkt ins Herz. So kann ich jemanden wirklich mit dem Zuspruch des Vaters trösten und ihn in seiner Gegenwart segnen.

Oft ist das ganz ähnlich wie bei einem Ballspiel. Gott wirft uns einen Ball zu, und wir fangen ihn auf. Wir merken z.B., dass er uns in eine Situation führt, in der wir einen Menschen auf ihn aufmerksam machen können oder in der er unser Vertrauen auf seine Führung herausfordern möchte. Jetzt kommt es darauf an, dass wir den Ball sicher und mit Schwung zurückwerfen, so dass er wieder genau bei Gott landet. Dann kann er ihn uns erneut zuspielen.

Diejenigen unter uns, die insbesondere die Gabe des Gebets und der Fürbitte haben, sind eigentlich ständig in einem solchen Wechselspiel mit Gott. Hier zeigt sich auch, dass jede Gabe ein besonderes Training erfordert und nur der geübte Spieler auch wirklich mit Gott Siege davontragen kann.

Gott zeigte mir einmal, wie er die Geistesgaben in der Endzeit in seiner Gemeinde zur vollen Entfaltung bringen möchte. Ich sah einen Engel vor mir, der einen Strauß mit wunderschönen Blumen pflückte. Anschließend wurde er zu den Gemeinden auf der ganzen Welt gesandt, um jeder die genau passenden Blumen, d.h. hier die Geistesgaben, zu überreichen. Und überall, wo in der Kirche dieses Geschenk des Herrn angenommen wurde, fingen die Menschen an, sich gegenseitig diese Blumen zum Geschenk zu machen, so dass sie sich unzählig vermehrten. So war schließlich mitten in teilweise düsterer Umgebung eine blühende Farbenpracht zu erkennen.

In einer vom Zeitgeist beeinflussten Kirche wurde die Geistesgabe der Prophetie, durch die sich das Hören auf Gottes Stimme entfaltet, leider oft unterdrückt oder gering geachtet. Viele machen sich lieber selbst zum „Propheten", was bedeutet, dass sie die Ziele für ihr eigenes Leben selbst festlegen. Insofern kann es zu geistlichen Auseinandersetzungen kommen, wenn Gott Propheten freisetzt. In der Endzeit soll jedoch das prophetische Wort in der Gemeinde Jesu hell leuchten und ihr den Weg weisen. So sind wir aufgerufen, prophetisch mündig zu werden.

Geistliche Übung

- Welche der Geistesgaben hat sich bei Ihnen schon am deutlichsten gezeigt?

  ....

- Welchen Gebrauch haben Sie bisher von dieser Gabe gemacht?

  ....

- Bedeutet dies immer wieder eine richtige geistliche Wohltat für andere?

  ....

- Legen Sie Ihre Gabe noch einmal ganz neu auf den Altar Gottes. Danken Sie ihm dafür und bitten Sie den Heiligen Geist, Sie zu seiner Ehre zu gebrauchen und zu salben. Vielleicht schreiben Sie hier ein kleines Gebet auf …

  ....

  ....

  ....

  ....

12 Das Angesicht Jesu

Vor dem Tor

Wir brauchen einen neuen Zugang zu unserem eigenen Herzen, wenn wir Jesus in rechter Weise dienen und auf ihn hören wollen. Im Blick auf unser Herz finden wir es zunächst normal, über den Haupteingang ein und aus zu gehen. Damit meine ich, dass wir selbst unser Herz prägen und festlegen, wie wir z.B. Entscheidungen treffen. So reagieren wir auch auf andere Menschen in einer von uns bevorzugten Weise, ohne dass wir uns darüber zunächst viele Gedanken machen.

Wenn wir Jesus im Glauben angenommen haben, möchte er aber immer eindeutiger die Regie in unserem Leben übernehmen. Das bekannte Wort aus Galater 2,20 „Nun lebe nicht mehr ich, sondern Christus lebt in mir" können wir deshalb auch variieren und sagen: Nun entscheide nicht mehr ich, sondern Christus entscheidet in mir. Nun bestimme nicht mehr ich, sondern Christus bestimmt in mir. Nun regiere nicht mehr ich, sondern Christus regiert in mir.

So geht es also darum, Jesus den Haupteingang zu unserem Herzen zu überlassen und zu sagen: „Herr, komm du mit deiner Fülle in mein Herz, regiere du dort in deiner Kraft. Ich möchte dir dienen!"

Dann finden wir mit einem Mal einen neuen, leichteren Zugang im Umgang mit uns selbst und mit Jesus. In schwierigen Situationen bleiben wir vielleicht viel gelassener als früher, und wir sind sensibel für den Heiligen Geist, der uns in die Anbetung führen möchte.

Während einer Gebetszeit entwickelte sich dazu vor meinem inneren Auge einmal ein Bild, das mir diesen neuen Zugang ganz eindrücklich machte. Ich sah mich selbst einen unscheinbaren Weg entlanglaufen. Ich gebe hier einmal wieder, was der Heilige Geist mir zeigte, so wie ich es in Erinnerung habe:

Der Weg, den ich lief, endete vor einem großen Schlosstor, das über und über mit Ranken überwachsen war. Ich fragte mich bei diesem Anblick, wie ich wohl nur an diesen Ort gekommen war, da hier schon seit langer Zeit kein Mensch mehr ein und aus gegangen zu sein schien. Das Tor wirkte so, als sei es Hunderte von Jahren nicht mehr geöffnet worden.

Aus irgendeinem unerfindlichen Grund hatte ich plötzlich das Verlangen, an diesem Tor anzuklopfen. Aber ich zögerte noch. Warum sollte sich gerade dieses Tor auftun? Was erwartete ich denn? Suchte ich etwas?

Doch ich konnte nicht anders. Also ging ich auf das zugewachsene alte Schlosstor zu und entdeckte auch einen schmiedeeisernen Ring, mit dem man anklopfen konnte. Mit ihm klopfte ich nun einige Male laut an das Tor. Es schien sich nichts zu regen. Ich klopfte noch einige Male und wartete. Dann, nach einiger Zeit, waren Geräusche zu vernehmen. Es hörte sich an, als würde jemand etwas zur Seite schieben, und so öffnete sich langsam mit knarrendem Geräusch das Tor.

Ein vornehm gekleideter Diener stand nun vor mir mit einem Licht in der Hand. Er wirkte weder überrascht noch verwundert, dass hier nach langer Zeit wieder einmal jemand geklopft hatte. Er machte einen frischen, eleganten Eindruck und lächelte, während er mich im Schein der Lampe betrachtete.

Im Schloss

„Willkommen am Hof des Königs! Es ist für uns eine besondere Freude, dass wieder einmal jemand an diesem Tor anklopft und um Einlass bittet. Die meisten der Gäste kommen über das Hauptportal, dabei stünde auch dieser

Eingang allen offen. Hinter ihm liegt eigentlich der schönste Weg ins Innere des Schlosses."

Nun ging der Diener mir mit dem Licht voraus. Wir stiegen eine Treppe mit sehr vielen Stufen hinauf. Auch waren keinerlei weitere Lampen angezündet, sodass nur das kleine Licht, das der Diener in der Hand hielt, uns den Weg wies. Mit einem Mal folgte dann ein breiterer Absatz und wir gelangten an eine Brüstung, von der aus wir die große Empfangshalle des Schlosses überblicken konnten. Aber auch hier waren gerade nur die Umrisse auszumachen; nirgendwo brannte Licht, auch hinter den großen stattlichen Fenstern nicht.

„Dieses Schloss liegt ja völlig im Dunkeln", sagte ich zu dem Diener, „und es ist niemand hier zu sehen. Sie sprachen doch eben von vielen anderen Gästen."

Der Diener verzog keine Miene; er lächelte nur. „Kommen sie mit, es geht noch weiter hinauf", entgegnete er. Nach einiger Zeit gelangten wir erneut an einen Treppenabsatz, von dem aus man über einen Fenstersims einen Ausblick über einen Teil des Schlossgeländes hatte. Überall dämmerte es auch hier, doch plötzlich sah ich Reiter mit Fackeln, die eine Kutsche flankierten, die von weißen Pferden zum Schloss gezogen wurde. Sie schien von einem hellen Schein umgeben zu sein.

Der König kommt

„Der König kommt", sagte der Diener. „Er wird hier für Licht sorgen. Kein menschliches Licht soll diese Räume erhellen und erwärmen. Nur das Licht des Königs. Aber kommen Sie nun mit ganz hinauf in das Zimmer, wo er Sie sehen will."

So eilten wir nun noch einmal eine ganze Reihe von Stufen empor. Das Licht des Dieners schien langsam zu verlöschen, sodass wir vor uns hin tastend einen Raum betraten, im dem nur ein einziger, vornehmer Stuhl stand. Es musste der Thron des Königs sein. Ansonsten war der Raum völlig leer. Es gab nichts, womit dieses Zimmer ausgeschmückt oder ausstaffiert gewesen wäre. So konnte man eigentlich nur auf den Stuhl schauen.

Da ich mittlerweile müde war, sank ich vor ihm auf den Boden, vielleicht kniete ich auch; ich weiß es nicht mehr. Der Diener hielt sich im Hintergrund, seine Lampe war erloschen. Auch er schaute gelegentlich auf den Stuhl. Alles um uns war still, leer und dämmrig.

Wir warteten und warteten. In der Stille betete ich auch; denn ich spürte die Gegenwart Gottes in diesem Schloss. Gleichzeitig lag etwas Schweres und Bedrückendes über all diesen Räumen, das einfach nicht weichen wollte. Wenn nun nicht bald irgendetwas geschehen würde, würde ich aufspringen und hinauslaufen, so schnell ich nur konnte.

Das Licht leuchtet in der Dunkelheit

Nun öffnete sich mit einem Mal in diesem Zimmer eine Tür. Herolde, gekleidet mit glänzendem Stoff, traten hervor und bliesen eine Fanfare. Sie riefen: „Seine Majestät, der König!" Dann fielen sie auf ihre Knie. Und nun trat Jesus in diesen Raum. Von ihm ging ein solch helles Licht aus, dass es fast nicht zu ertragen war. Es leuchtete in die Dunkelheit des Schlosses hinein, das dadurch von großem Glanz erfüllt wurde. Die Herrlichkeit Gottes durchflutete mit einem Mal alle Zimmer, die Gänge und auch die verlassensten Winkel des Gemäuers. Und das Schloss schien auch nach außen hin zu strahlen und zu leuchten. Denn die Vögel im Schlosshof zwitscherten plötzlich laut vor sich hin, und man hörte nun auch Stimmen von Menschen, die es hinaufzog zum Schloss, um ebenfalls sein Licht kennen zu lernen.

Dann schaute mir Jesus in die Augen. Sein liebevoller Blick berührte die Unruhe meines Herzens.

Dann schaute mir Jesus in die Augen. Sein liebevoller Blick berührte die Unruhe meines Herzens. Sein Friede berührte mich, und langsam vergaß ich das lange Suchen im Schloss. Ich versuchte seinem Blick standzuhalten. Wer war ich schon? Einer, der im Dunkeln tappt? Welch unergründlichen Reichtum barg sein Blick, welche Barmherzigkeit, welche Annahme und welche Bereitschaft zur Vergebung!

„Heute bin ich zu dir in das Schloss deines Lebens gekommen", sagte Jesus. „Wir befinden uns hier im Zentrum deiner Persönlichkeit, mitten in deinem Herzen. Hier hast du bisher geschaltet und gewaltet; hier hast du regiert."

Sprachlos schaute ich Jesus an. „Waaas? Ich habe hier regiert?"

„Ja, du hast hier auf diesem Stuhl gesessen und regiert."

Behüte dein Herz

„Aber ich kenne dich doch schon lange, ich gehöre zu einer christlichen Gemeinde und ich habe versucht, deine Gebote zu halten. Ich habe versucht, dir auch mit meinem Herzen zu folgen."

„Ja, du hast es immer und immer wieder versucht, mir auch mit deinem Herzen zu folgen", sagte Jesus. „Aber oft ist es dir misslungen. Die Motive deines Herzens waren noch zu sehr von deinen eigenen Bedürfnissen bestimmt. Aber nun soll mehr von meiner Herrschaft in deinem Leben sichtbar werden. Setze alles daran, dass in Zukunft dieser Platz für mich reserviert bleibt, damit du auf mich schauen kannst, damit du meine Stimme hören kannst und damit meine Liebe dein ganzes Leben erfüllt."

Nun traten wieder die Herolde hervor und sie proklamierten:

Der Gerechten Pfad glänzt wie das Licht am Morgen, das immer heller leuchtet bis zum vollen Tag. Der Gottlosen Weg aber ist wie das Dunkel; sie wissen nicht, wodurch sie zu Fall kommen werden. Mein Sohn, merke auf meine

Rede und neige dein Ohr zu meinen Worten. Lass sie dir nicht aus den Augen kommen; behalte sie in deinem Herzen, denn sie sind das Leben denen, die sie finden, und heilsam ihrem ganzen Leibe. Behüte dein Herz mit allem Fleiß, denn daraus quillt das Leben. Tu von dir die Falschheit des Mundes und sei kein Lästermaul. Lass deine Augen stracks vor sich sehen und deinen Blick geradeaus gerichtet sein. Lass deinen Fuß auf ebener Bahn gehen, und alle deine Wege seien gewiss. Weiche weder zur Rechten noch zur Linken; wende deinen Fuß vom Bösen (Sprüche 4,18-27).

Geistliche Übung

Stellen auch Sie sich vor, dass Sie solch einen neuen Zugang zu Ihrem Herzen finden und anklopfen. Es wird aufgetan und der Heilige Geist zeigt Ihnen alle versteckten Motive, Widerstände und Regungen Ihres Herzens.

- Schreiben Sie dann zunächst einmal auf, was Sie sich besonders in der Beziehung zu Jesus wünschen ...

....

....

....

- Schreiben Sie nun auf, was Sie gelegentlich daran hindert, Ihm uneingeschränkt zu vertrauen.

....

....

....

- Halten Sie Jesus nun Ihr Herz hin und bitten Sie ihn, sich auf den Ehrenplatz zu setzen. Geben Sie ihm ganz besonders die Bereiche, die Sie versucht haben zu kontrollieren und festzuhalten. Lösen Sie sich davon und rufen Sie darüber die Herrschaft Jesu aus.

....

....

....

13 Zur Praxis des hörenden Gebets

Für mich persönlich hören

Das Hören auf Gottes Stimme ist bedeutsam in allen unseren Lebensbereichen. Es trägt viel zum Wachstum im Glauben bei. Gott kann durch sein Reden unsere Beziehungen segnen, und er kann unser gesamtes Umfeld beeinflussen.

Einige praktische Schritte können uns helfen, innerlich empfangsbereit zu werden. Es geht dabei nicht um ein Rezept („Wenn man dies und jenes tut, dann redet Gott"), sondern um die Vorbereitung unseres Herzens, damit es weit und offen wird, Gottes Reden zu empfangen. Gott wartet nur darauf, dass wir ihm unser Ohr schenken.

- Zunächst kommt es darauf an, dass wir äußerlich und innerlich zur Ruhe kommen und ablegen können, was uns belastet. Denn unter Anspannung, unter Druck und Nervosität können wir Gott nur schwer hören. Besonders, wenn Stress und Anspannung eine längere Zeit andauern, haben wir den Eindruck, unser Herz sei „dicht" geworden. Wir spüren nicht mehr, was in unserem Innersten vor sich geht. In solchen Zeiten haben wir auch Schwierigkeiten, die Stimme des Heiligen Geistes zu hören. Deshalb ist es wichtig, wieder den Zugang zu unserem Herzen zu finden.

Formulieren Sie einmal vor Gott, was in Ihnen Druck und Anspannung erzeugt hat, und legen Sie es in seine Hände. Machen Sie sich bewusst, dass Sie vor Gott überhaupt nichts leisten müssen, sondern einfach nur da sein dürfen und sich von ihm in den Arm nehmen lassen dürfen. Sein liebevoller Blick ruht auf Ihnen. Manchmal helfen auch Bilder, Symbole oder Musik, den Weg in das eigene Herz wieder zu finden.

- Wenn wir vor Gott zur Ruhe kommen und uns ihm offen hinhalten, kann uns auch bewusst werden, wo wir schuldig geworden sind. Dann ist es gut, dafür um Vergebung zu bitten. Nennen Sie Jesus jede Sünde, die Ihnen aufgeht, und nehmen Sie seine Vergebung mit dankbarem Herzen an.

Vielleicht müssen Sie auch jemandem vergeben, wenn Sie einem anderen Menschen gegenüber Groll und Ärger wahrnehmen. Denn sowohl eigene Schuld als auch mangelnde Vergebungsbereitschaft stellen Blockaden dar, Gottes Stimme hören zu können. Aber Jesus lädt uns ein, diese Hindernisse von ihm ausräumen zu lassen, so dass nichts mehr im Wege steht, ihn zu hören.

- Sehr hilfreich zur Vorbereitung auf das Hören ist der Lobpreis. Denn im Lobpreis richten wir uns auf Jesus aus. Unsere Gedanken, die sich oft noch um uns selbst drehen, werden dabei weit und bekommen einen neuen Horizont im Blick auf unseren Herrn.

Durch die Anbetung öffnen wir uns außerdem für das Wirken des Heiligen Geistes. Nicht zufällig stehen in Epheser 5, 18-19 die beiden Aufforderungen dicht nebeneinander: *Lasst euch vom Heiligen Geist erfüllen!*, und: *Ermuntert einander mit Psalmen und Lobgesängen und geistlichen Liedern, singt und spielt dem Herrn in eurem Herzen.* Die Erfüllung mit dem Heiligen Geist geschieht besonders, wenn wir unser Herz im Lobpreis auf Gott ausrichten.

- Es ist gut, mir meine Beweggründe deutlich zu machen, weshalb ich Gott hören möchte: Geht es letztlich um mich selbst und meine eigenen Vorteile, z.B. um eine Idee für eine Andacht zu erhalten, mit der ich in meinem Hauskreis gut ankomme? Oder ist die Liebe meine Motivation? Möchte ich Gottes Reden aus Liebe zu ihm und aus Liebe zu anderen Menschen hören, um seinen Willen für mein Leben tiefer zu erkennen und anderen Menschen in der besten Weise dienen zu können? Gottes Reden wird gerade dann fließen, wenn uns die Liebe leitet und nicht ichbezogene Zwecke.

- Jesus allein ist unser Herr, dessen Stimme wir hören wollen. Um uns vor falschen Einflüssen zu schützen (Stimme des Feindes Gottes), stellen wir uns bewusst unter die Herrschaft Jesu. Unter seiner Herrschaft sind wir sicher und geschützt und brauchen keine Angst vor Einflüssen des Feindes zu haben.
- Auch unsere eigenen Gedanken wollen wir in der Zeit, in der wir auf Gott hören, bewusst zur Seite stellen. Wir richten unser Augenmerk ganz auf Gott und lassen, soweit es uns möglich ist, die eigenen Vorlieben, Erwartungen, Prioritäten oder auch Befürchtungen an Gott los. „Herr, ich lege jetzt alles zur Seite, was ich in dieser Frage denke, und möchte auf dich hören."
- Für diejenigen, die das Sprachengebet haben, empfiehlt es sich, einige Zeit in Sprachen zu beten, da es oft die Tür öffnet, um Gottes Stimme zu hören. Übrigens schenkt Gott das Sprachengebet gern, wenn wir ihn bitten. Da es im Gegensatz zu anderen Geistesgaben keine spezielle Dienstgabe ist, die jeweils nur einige Menschen bekommen, sondern eine Gebetssprache, die die persönliche Beziehung zu Gott stärkt, erhalten erfahrungsgemäß sehr viele Menschen diese Gabe, die sich dafür öffnen.
- Wenn ich nun Gott um sein Reden bitte, dann geht es vor allem um das erwartungsvolle Loslassen und darum, das zu empfangen, was von Gott kommt, und nicht darum, angestrengt „hinzuhören". Je mehr ich mich entspannen kann und mich darauf freue, was Gott sagen wird, desto leichter kann ich es wahrnehmen. Es gibt auch gar keinen „geistlichen Leistungsdruck". Wenn ich nichts höre, dann ist das auch ganz in Ordnung. Dann bin ich einfach still in Gottes Gegenwart. Wenn Gott redet, dauert es erfahrungsgemäß meist nicht lange, bis ich ihn höre. Oft ist

schon der erste Gedanke, den ich jetzt wahrnehme, Gottes Reden. Aber es kann trotzdem wichtig sein, längere Zeit in der Stille zu bleiben, um im Gespräch mit Gott tiefer zu gehen.

- Was Gott mir sagt, ist zu kostbar, als dass es verloren gehen sollte. Deshalb empfiehlt es sich, einen Stift und Papier bereit zu haben und das aufzuschreiben, was ich gehört habe. Dabei kann ich dazwischen auch in einem schriftlichen Dialog Gott meine Fragen und Gedanken aufschreiben und dann wieder hören, was er dazu sagt. Der Vorteil des Aufschreibens ist außerdem, dass ich es nachher in Ruhe nachlesen und prüfen kann.
- Da sich in das Hören auf Gottes Stimme auch Seelisches, d. h. eigene Gedanken, hineinmischen können, ist es gut, das Gehörte zu prüfen. Der wichtigste Maßstab ist die Bibel: Entspricht es dem geschriebenen Wort Gottes? Was der Bibel widerspricht, kann nicht von Gott sein. Außerdem kann ich fragen: Entspricht es dem Wesen Gottes, wie es in der Bibel offenbart ist? Entspricht es seiner Liebe?

Was Gott uns sagt, kann uns zwar wachrütteln, ermahnen und auch einmal unbequem sein, aber es wird uns nicht in Angst hineintreiben: *Gott hat uns nicht gegeben den Geist der Furcht, sondern der Kraft und der Liebe und der Besonnenheit* (2. Timotheus 1,7). Was uns von daher Angst macht, ist höchstwahrscheinlich nicht Gottes Reden.

Gott wird immer wieder Sünde in unserem Leben aufdecken – zu unserem Besten, damit wir umkehren können –, aber er wird uns nie verdammen. *So gibt es nun keine Verdammnis für die, die in Christus Jesus sind* (Römer 8,1). Auch hier können wir klar unterscheiden, dass verdammende Gedanken nicht von Gott sind.

- Wenn Gott zu mir gesprochen hat, dann ist das ein Grund zu Dankbarkeit und Freude. Und es fordert in vielerlei Weise meine Antwort heraus: dass ich ihm gehorsam bin und das Gehörte umsetze, dass ich weiter darüber nachdenke, dass ich bewusst ja dazu sage und es im Glauben annehme, dass ich Gott dafür danke, ihm mein Vertrauen ausdrücke …

Für den anderen hören

Wir können nicht nur persönlich für uns selbst auf Gottes Stimme hören, sondern auch für einen anderen Menschen. Wenn wir zum Beispiel in einem seelsorgerlichen Gespräch mit jemandem sind, möchten wir erkennen, wie Gott seine Situation sieht und in welcher Weise er helfen und eingreifen will. Oder bei einer persönlichen Segnung in einem Gottesdienst schließen wir uns innerlich an Jesus an, um sein Segenswort, seinen Zuspruch dem anderen weiterzugeben.

Auch in einem Hauskreis kann man füreinander auf Gottes Stimme hören, damit die Einzelnen von Gott her ermutigt und gestärkt werden. Oder wenn wir in einer Gemeinde etwas planen, ist es gut, wenn wir gemeinsam auf Gott hören, um seinen Willen zu erkennen.

Wenn wir einem anderen Menschen ein Wort von Gott her weitergeben wollen, haben sich folgende Regeln in der Praxis bewährt:

- Der Heilige Geist ist der „Tröster", der „Ermutiger" und der „Ermahner". Wenn wir eine Ermahnung weitergeben, sollten wir sein Reden so formulieren, dass es für den anderen konstruktiv ist und ihn weiterführt. Gegebenenfalls können wir Gott zurückfragen, wie wir den Eindruck weitergeben sollen. Auch wenn ich z. B. jemand in einem dunklen Loch sitzen sehe, kann ich Gott zunächst fragen, was er dem anderen damit sagen möchte. Und vermutlich kommt dann der Eindruck, dass Gott ihn aus der Dunkelheit ins Licht führen möchte. Das kann ich dann weitergeben.

- Bevor er ausgesprochen wird, sollte jeder Eindruck durch den Filter laufen, ob er der Bibel entspricht. Viele Worte werden biblischen Zusagen entsprechen, die für alle Menschen gelten, zum Beispiel: „Der Herr ist dein Hirte, er wird für dich sorgen." Solche Zusagen kann ich ohne Bedenken weitergeben, denn sie gelten in jedem Fall. Worte, die eine bestimmte Richtungsweisung beinhalten („Gott hat eine ganz neue Aufgabe für dich") werde ich genauer prüfen, bevor ich sie weitergebe. Ich kann Gott noch mal zurückfragen: Ist das jetzt von dir? Soll ich es so sagen?
- Wir dürfen einer anderen Person keine wichtige persönliche Entscheidung abnehmen („Der Herr hat mir gesagt, dass du das oder jenes tun sollst"), denn der andere muss diese Entscheidung selbst in eigener Verantwortung vor Gott treffen. Wir können ihn höchstens im Hören auf Gott unterstützen, beraten, gegebenenfalls auch einmal vorsichtig warnen.
- Die Atmosphäre der Liebe und Annahme ist der Raum, in den das hörende Gebet für andere eingebettet sein soll. Zur Liebe gehört die Achtung und Wertschätzung des anderen. Es ist wichtig, dem anderen jederzeit Freiheit zu lassen und niemals Druck auf ihn auszuüben. Der andere darf frei entscheiden, ob er ein Wort für sich annimmt oder nicht. Wenn er momentan noch nichts mit dem Eindruck anfangen kann, kann er es auch erst einmal „ins Regal" stellen, also zurückstellen, bis er einen Zusammenhang mit seiner Lebenssituation erkennen kann.
- Wenn wir jemand ein Wort oder ein inneres Bild von Gott weitergegeben haben, achten wir darauf, was es bei ihm auslöst, und fragen eventuell nach, was er damit anfangen kann. Nach dem Gespräch beten wir für ihn, dass sich die Zusage Gottes in seinem Leben entfaltet oder er die aufgezeigten neuen Schritte tun kann.

- Das hörende Gebet kann am besten in kleinen, vertrauten Gruppen eingeübt werden, in denen wir uns gegenseitig fördern und auch mal liebevoll korrigieren können. Es ist ein Wachstumsprozess, in dem wir Schritt für Schritt in größere Verantwortung hineingeführt werden.

Für unser Umfeld hören

In unserem Umfeld möchte Gott uns vor allem eine Sicht für die Menschen schenken, die ohne Gott verloren gehen. Es gibt so viele Menschen in unserer Umgebung, die den Vater im Himmel noch nicht kennen! Spüren wir den Schmerz, den er um sie hat?

- Durch das Hören auf ihn und die Geistesgaben werden wir fähig, diese Menschen zu ihm zu rufen: In einem persönlichen Gespräch mit der Nachbarin kann ich etwas sagen, was mitten in ihr Herz hineinspricht. Durch die Gabe der Weisheit erkennen wir, wann der richtige Zeitpunkt ist, jemand die gute Nachricht zu bringen. Wir können jemand Gebet für Heilung anbieten, so dass er erfahren kann, dass Jesus lebendig ist und heute noch heilt. Wir dürfen wie Brunnen sein, aus denen Durstige das Lebenswasser erhalten können, denn es fließt durch uns hindurch.
- Gesellschaftliche Umbrüche machen oft sehr schnell deutlich, woran die Menschen ihr Herz gehängt haben. Als christliche Gemeinde sollten wir für solche Zeiten ausgerüstet und vorbereitet sein. In unserem Umfeld – in der Schule, der Nachbarschaft oder am Arbeitsplatz – brauchen wir eine geistliche Sicht, damit wir Einfluss nehmen können. Für jede schwierige Situation dürfen wir uns von Gott eine Verheißung schenken lassen und die Herrschaft Jesu darüber ausrufen. Auch in schwierigen Umständen kann sich plötzlich ein Ausweg auftun, wenn wir im Gebet das anwenden, was er uns gezeigt hat.

- Wenn wir uns in dieser Weise als Christen einmütig gebrauchen lassen, kann Gott in mächtiger Weise durch uns wirken. Ganze Orte können sich verändern und von der Liebe Gottes erfüllt und geprägt werden.

Jesus beruft heute eine geistliche Armee, die es gelernt hat, aus seinen Kraftquellen zu schöpfen, seinen Frieden zu empfangen und sich von ihm versorgen zu lassen. Es ist der Schlüssel für einen geisterfüllten Dienst, dass wir den Brunnen lebendigen Wassers in unserer Mitte entdecken.

Geistliche Übung

Denken Sie nun in der beschriebenen Weise einmal an eine Situation in Ihrem Umfeld, die Sie als festgefahren und schwierig erleben. Werden Sie darüber still und lassen Sie sich von Gott dafür eine Verheißung schenken.

Bitten Sie Ihn um ein Wort aus der Schrift, das Sie dann immer wieder laut aussprechen und proklamieren können.

Stellen Sie sich vor, dass Sie mit Jesus in Ihrem Alltag regieren dürfen, wie auch immer dieser gerade aussieht. Sie stehen dann nicht mehr einfach unter der Last gewisser Probleme, sondern können an der Seite Jesu quasi aus himmlischer Position auf sie schauen und mit ihm Einfluss darauf nehmen. So wie wir auch im Vaterunser beten: *Dein Reich komme, dein Wille geschehe …!*

Üben Sie nun einmal diese Autorität aus; sprechen Sie das aus, was Jesus Ihnen gezeigt hat.

....

....

....

....

Weitere Produkte von GloryWorld-Medien

„Kirche nach dem Herzen Gottes“

Beziehungen untereinander

Wayne & Clay Jacobsen
Authentische Beziehungen
Die verlorene Kunst des Miteinanders
160 Seiten, Paperback

Die Liebe der ersten Christen untereinander war sprichwörtlich. Ihr Miteinander, ihre Ausstrahlung war ihr größtes Zeugnis.
Heute sind echte und tiefe Beziehungen zu Einzelnen und in der Gemeinde rar geworden. Wir haben die Kunst, solche Beziehungen aufzubauen, verlernt oder wollen die entsprechenden Kosten nicht auf uns nehmen. Die Folge ist, dass unser Zeugnis nach außen schwach ist und dass viele in den Gemeinden unter Einsamkeit und oberflächlichen Beziehungen leiden.
Die Autoren erläutern, welches Modell für liebevolle, ermutigende und authentische Beziehungen wir im Neuen Testament finden, und zeigen anhand praktischer Beispiele, wie wir zu solchen Beziehungen kommen und sie pflegen können. Jedem der dreizehn Kapitel folgen passende Fragen für ein Gespräch in der Gruppe.

Reihe: Wie unser Land geheilt werden kann

Diese Reihe will Mut machen zu glauben, dass das, was Gott in 2. Chronik 7,14 verspricht, immer noch gilt: „Wenn mein Volk, über dem mein Name ausgerufen ist, sich **demütigt,** und sie **beten** und **mein Angesicht suchen** und von ihren bösen Wegen **umkehren,** dann werde ich vom Himmel her hören und ihre Sünden vergeben und ihr Land heilen.“ Chris Daza erhielt von Gott den Auftrag, den deutschsprachigen Ländern zu helfen, Erweckung zu erleben und in ihre Berufung hineinzufinden.

Band 1
Chris Daza
Demut –
Gottes Schlüssel für Erweckung in Europa
48 Seiten, Tb.

Band 2
Chris Daza
Gebet für das Land
Ein Leitfaden
72 Seiten, Tb.

Die Bände 3 (Gottes Angesicht suchen) und 4 (Umkehr/Buße) erscheinen voraussichtlich Ende 2006.

Thema Hausgemeinde / Hauskirche

Tony & Felicity Dale, Einfach(e) Kirche

Wie Jesus heute seine Gemeinde baut

100 Seiten, Paperback

Überall entstehen derzeit vielfältige, aber einfache Formen von Gemeinde, die sich u. a. durch Folgendes auszeichnen: Leidenschaft für Jesus, familiäre Beziehungen, gelebtes Priestertum aller Gläubigen, kulturelle Flexibilität, schnelle Ausbreitung, vom Heiligen Geist erfüllt.

Die Autoren befassen sich in diesem Buch mit den Hintergründen für diese Entwicklungen und gehen insbesondere auf praktische Aspekte des Gemeindelebens solcher Gruppen ein.

Mike & Sue Dowgiewicz

Zeiten der Wiederherstellung

Fundamente für ein authentisches Christsein

320 Seiten, gebunden

Wie können wir als Einzelne, als Familien und als Gemeinde die Vertrautheit und Vollmacht der ersten Christen zurückgewinnen? Was sind die wesentlichen Faktoren für ein authentisches Christsein?

Dieses Buch lädt zu einer Entdeckungsreise ein. Sie lernen die Charakteristiken des urgemeindlichen Lebens kennen, aber auch Fehlentwicklungen der frühen Kirche. Im Wesentlichen bietet es aber eine Orientierung auf dem Weg zu geistlicher Erneuerung.

Persönliche Evangelisation

Jim Montgomery, Lass dein Licht leuchten

Wie Jesus zu unseren Nachbarn kommt

140 Seiten, Paperback

Immer mehr Christen fangen an, ihre Nachbarn, ihre direkte Umgebung als Auftrag zu sehen. Sie wollen gerade dort ein Licht sein, wo sie wohnen, und sich an die Menschen hingeben, unter die Gott sie gestellt hat. Jim Montgomery zeigt Schritte auf, wie wir dieses Ziel auf unkomplizierte und natürliche Weise erreichen können, bis dahin, dass ein Hauskreis / eine Hausgemeinde entsteht.

Bestellen Sie im Buchhandel oder direkt bei:

GloryWorld-Medien | Postfach 4170 | D-76625 Bruchsal
Fon: 07257-9033-96 | Fax: -98 | info@gloryworld.de

Aktuelles, Leseproben, Downloads & Shop: **www.gloryworld.de**

Stand: Juni 2006. Fordern Sie unseren aktuellen Prospekt an!